U0399925

城市片区综合开发系列丛书

集智筑虹
——广州市南沙横沥岛尖桥梁景观设计总师制度的践行

Bridging the Future: Application of Integrated Approach for Bridge Cluster Landscape Design in Hengli Island, Nansha

占 辉 肖 宁 梁睿中 文惠珍 颜日锦 主编

中国建筑工业出版社

序一

众所周知，城市是人类文明的载体和结晶。随着全球城市化进程加快，城市集聚了人类文明发展的诸多成果，资源、资本、人口都在城市高度集中，并产生了纽约、旧金山、东京三大世界级湾区。在新一轮的国际竞争中，中国提出了建设粤港澳大湾区的战略构想，并启动实施。

广州自贸区包括南沙、前海、横琴三个片区，是粤港澳大湾区战略承载重要平台，其中南沙是面积最大的片区，担负着新型城镇化发展的重要任务。明珠湾起步区是南沙行政区和自贸片区的核心发展区，一直秉承着"绿色低碳、环保节能、智慧城市、岭南水城"的规划定位，未来将建成南沙"新城"和"心城"。

回顾现代城市的发展历程，人类经历了曲折的发展之路和思想认识的不断更新。从现代城市规划理论的田园城市设想，到勒·柯布西耶的国际主义学说，以至L·克里尔和A·文丘里的后现代主义建筑，人类对城市爱恨交织，尤其是20世纪60年代简·雅各布斯《美国城市的死与生》，引起了对城市规划建设的激烈讨论和全方位的重新认识。

在粤港澳大湾区建设发展中，南沙要建设什么样的城市，这是非常富有挑战和创造性的课题。交通拥堵、环境污染、能源紧张、公共配套不足，这些城市发展疾病需要在顶层设计中认真研究。2005年习近平总书记首提"绿水青山就是金山银山"的生态发展理念，2012年提出"人类命运共同体"的科学概念，2021年明确"碳中和，碳达峰"任务时间表，对南沙的城市发展具有深刻的指导意义。

南沙明珠湾起步区高点定位，科学谋划，一直积极探索新型城镇化的碳中和道路，通过绿色低碳建设实践，取得了丰硕成果。通过引智、引技，结合明珠湾起步区开发建设实践，编写了《新型城镇化的碳中和道路：明珠湾起步区绿色低碳建设实践》，包含了绿色生态城市指引体系、高效紧凑的空间布局、蓝绿交织的生态环境、资源节约的市政设施、绿色安全的城市交通、高质量的绿色建筑、循环利用的固废弃物、融合生态的智慧城市、创新精细的建设管理和积极打造"绿色生态影响力"十个方面的内容。在明珠湾广大建设者的共同努力下，明珠湾起步区先后获得"保尔森可持续发展绿色创新类别优胜奖"、"亚洲都市景观奖"、"LEED FOR CITIES AND COMMUNITIES 铂金级预认证"、"国家绿色生态城区三星级规划设计标识"、"Construction 21 国际可持续发展城区解决方案奖"。我曾于2016～2019年担任明珠湾起步区开发建设指挥部总指挥，对这些成果和荣誉深感欣慰，往日与同事们一起努力的工作场景又一下子历历在目。

2015年12月20日召开的中央城市工作会议指出，要尊重城市发展规律，统筹空间、规模、产业三大结构，规划、建设、管理三大环节，改革、科技、文化三大动力，生产、生活、生态三大布局，政府、社会、市民三大主体，提高城市工作的全局性、系统性、持续性、宜居性和积极性。南沙承载着国家新区、国家自贸区、粤港澳合作示范区和广州副中心（"三区一中心"）的战略使命，明珠湾起步区则负有先行先试、率先垂范的积极任务，这本书的印发就是一次很好的实践。借此机会，也希望明珠湾起步区能在落实中央城市工作会议精神方面做出有益实践，为粤港澳大湾区的开发建设做出精彩贡献。

王大通

序二

每一座因水而兴的城市都有着众多的桥梁，不论这个地方有多么与众不同。从威尼斯到劳德代尔堡再到南沙，桥梁无一例外都是展现城市风貌的窗口。

明珠湾区是广州南沙的核心区域，汇聚着高水平对外开放和粤港澳经济深度融合的高端产业，需要高品质建设的城市来承载。横沥岛尖作为起步区中心区域，面对此种蓝绿交织的水陆结构、高端商务办公区的规划定位，如何统筹建设好数量众多的桥梁群，是需要区域建设管理者深思的问题。

在2022年全国两会上，习近平总书记把握新的时代方位，观大势、谋全局、明方向，回顾新时代党和人民奋进历程，首次鲜明提出"五个必由之路"的重大论断，尤其提出贯彻新发展理念是新时代我国发展壮大的必由之路。"创新、协调、绿色、开放、共享"的新发展理念需要我们在具体的工作中予以践行。

建设管理团队把创新摆在城市建设发展全局的核心位置，大胆突破常规片区开发的思路，首创桥梁群总师制度的组织管控建设模式，设立"研究策划+工程设计指引+正负面清单制度+设计指导咨询"的全过程咨询模式，委任综合技术及管理实力强大的咨询单位充当桥梁群景观总师。

同时，系统整体地链接来自不同专业背景的工作者，形成多元的总师团队，回归顺应自然的绿色基建发展理念，建立城市发展平衡观，兼顾生态和人文需求，实现生产、生活、生态融汇共生。在自然城市的理念下，复合多元的绿色基础设施成为城市发展的支持系统，为城市提供多层次的社会、经济和环境综合效益，科学系统地为解决发展不平衡问题提供综合解决方案。

桥梁群景观总师制度下的总体理念（"创智辐辏，多维链城"），发展定位（"融入城市空间，丰富用户体验，链接城市生活"），以及分区定制的设计主题（"融汇、协同、共生、蜕变"），均呈现着包容开放的多元载体网络，从物理空间、生物生态、人文体验、市民生活、智慧技术、城市基础设施、城市综合效益等多个维度、深层次链接城市。

坚守"创新、协调、绿色、开放、共享"的新发展理念是一线建设工作者们的共同心声及准则。在各方协力合作下，践行此理念的横沥岛尖市政景观桥梁群设计工作稳步推进。

本书基于对建设践行经验系统性的总结，对桥梁群建设的核心问题进行了解答，有助于城市规划建设的各主体，了解桥梁景观总师这一创新的建设管理方法，从而推动更加以人为本的城市建设。

王勇

前言

变化无所不在。

人口增长，气候变化，资源耗竭都是全球性的重大挑战。这需要一个更加可持续发展的未来城市解决这些问题。2015年联合国正式通过可持续发展目标，旨在以综合方式解决社会、经济和环境问题，转向可持续发展。可持续发展本质是在不断增长需求和有限资源之间建立平衡，通过与自然环境合作形成驱动力，应对经济方式转变、人口增长和气候变化。

随着我国城市的发展，城镇化建设由单项基础设施逐渐转向片区开发。通过转变发展方式、提升治理水平、优化空间分布，推进以人为核心的新型城镇化建设，是绿色基础设施的发展方向和趋势。

广州市南沙区明珠湾起步区的横沥岛尖，路网及水网相互交织，形成了桥梁群组。该群组不仅是桥梁，也是绿色基础设施。在这种发展思路下，桥梁群组建设的挑战性更加凸显。然而，在这一领域中，还没有一套明确的组织建设及设计管理的方法论及实践案例。

本书基于横沥岛尖片区发展特点、地域特点、参建方特点，通过科学客观的研究分析，提出量身定制的组织建设管理模式，并对该模式具体思维及方法的核心历程进行了分享，给出了践行过程中的具体举措、实践成果。其中第1、2章由梁睿中、占辉编写，分析南沙特点、规划建设的情况及挑战，提出系统建设管理机制的构想与实践方式。第3章由占辉、梁睿中、肖宁等编写，总结桥梁景观总师制度具体践行理念、技术路线、方法与模式等。第4、5章由肖宁、占辉、文惠珍等编写，进行完整的实践过程梳理和总结，从对总师制度的理解、思考到具体的应用尝试、与总师团队的互动。第6章由文惠珍、肖宁等编写，归纳总师制度践行过程中的设计管理工具实例。

希望本书能有助于了解绿色基础设施的综合价值，从而引发更多的城市基础设施建设领域践行方式与思维模式的创新尝试。

目录

1 缘起——南沙与横沥城市肌理　　　　　　　　　　　　011
　1.1 城市起源　　　　　　　　　　　　　　　　　　　012
　　　1.1.1 沧海桑田　　　　　　　　　　　　　　　　013
　　　1.1.2 地域人文　　　　　　　　　　　　　　　　015
　1.2 城市期待　　　　　　　　　　　　　　　　　　　016
　　　1.2.1 南沙往事　　　　　　　　　　　　　　　　017
　　　1.2.2 区域规划　　　　　　　　　　　　　　　　020
　1.3 难题初现　　　　　　　　　　　　　　　　　　　024
　　　1.3.1 规划层面难点　　　　　　　　　　　　　　026
　　　1.3.2 管理层面难点　　　　　　　　　　　　　　027
　　　1.3.3 前车之鉴　　　　　　　　　　　　　　　　027

2 创新——桥梁景观总师制度的提出　　　　　　　　　　033
　2.1 厉行创新的明珠湾管理局技术管理体系　　　　　　034
　　　2.1.1 明珠湾开发建设管理体制　　　　　　　　　035
　　　2.1.2 技术管理机制创新　　　　　　　　　　　　036
　2.2 横沥岛尖桥梁景观总师制度的创新历程　　　　　　042

3 桥梁景观总师制度　　　　　　　　　　　　　　　　　047
　3.1 编制理念　　　　　　　　　　　　　　　　　　　048
　3.2 承上启下的《南沙横沥岛尖跨河涌景观桥梁群设计策划》　052
　　　3.2.1 思维溯源——方法与理念　　　　　　　　　053
　　　3.2.2 凝练——总体设计概念　　　　　　　　　　056
　　　3.2.3 推导与谋定——横沥岛尖桥梁景观重要性分组　058
　3.3 面向实施的《南沙横沥岛尖跨河涌景观桥梁群设计指引》　068

  3.3.1　目标导向的工作模式　　069
  3.3.2　面向读者的成果构建　　072
  3.3.3　设计策略与整体造型的总结与延续　　076
  3.3.4　设计要求的分类、分级把控　　083
  3.3.5　子项的体系设计　　088
 3.4　设计过程把控及管理制度　　097
  3.4.1　工作运行机制及管理制度的建立　　098
  3.4.2　设计开展前的策划、指引成果及管理制度宣贯　　101
  3.4.3　分层把控、动态纠偏的日常咨询过程　　102

4　桥梁景观总师制度的应用与成果展示　　115
 4.1　总师制度的理解　　118
 4.2　中轴涌桥梁群设计　　122
  4.2.1　桥梁策划及指引研究报告的理解及应用方式　　123
  4.2.2　总师研究成果的设计再思考　　128
  4.2.3　中轴涌桥梁设计主题的设计构思与工作模式　　129
  4.2.4　设计过程中，与总师的互动　　136
 4.3　支涌桥梁群设计　　138
  4.3.1　桥梁策划及指引研究报告的理解及应用方式　　139
  4.3.2　总师研究成果的设计再思考　　147
  4.3.3　三多涌桥梁设计主题的设计构思与工作模式　　147
  4.3.4　设计过程中与总师的互动　　151
 4.4　总师制度应用的深刻体会及影响　　152
 4.5　成果后评价　　154

5 南沙横沥岛尖景观桥梁群方案成果赏析   **157**

  5.1 中轴涌桥梁   158

  5.2 三多涌桥梁   174

  5.3 义沙涌桥梁   192

  5.4 长沙涌桥梁   210

6 附件 南沙横沥岛尖跨河涌景观桥梁群设计指引附表   **225**

  6.1 南沙横沥岛尖跨河涌景观桥梁群设计指引设计要求汇总表   226

  6.2 广州南沙横沥岛尖桥梁工程技术咨询工作联系表   244

  6.3 广州南沙横沥岛尖桥梁设计文件基本信息表   246

  6.4 广州南沙横沥岛尖桥梁方案阶段成果质量要求
（建筑景观造型）   247

  6.5 广州南沙横沥岛尖桥梁方案阶段成果提交要求   249

  6.6 广州南沙横沥岛尖桥梁方案阶段（建筑景观部分）
成果检验表   254

  6.7 广州南沙横沥岛尖桥梁正负面清单格式   258

  6.8 广州南沙横沥岛尖桥梁方案阶段进度计划表格式   264

  6.9 广州南沙横沥岛尖桥梁总师方案阶段管理办法   266

后记   **267**

缘起
——南沙与横沥城市肌理

1

1.1 城市起源

1.1.1 沧海桑田

南沙区，广东省广州市市辖区，位于广州最南端、珠江虎门水道西岸，是西江、北江、东江三江汇集之处，广州市唯一出海通道[1]（图1.1-1）。

数千年来的河海冲击，使得岛丘错落的古海湾，逐渐积沙成坦，形成三角洲；从新石器时代先民的渔猎活动、唐代的"民多居高阜"式的聚居，到明、清代的拍围成田，再到1949年后的围垦成田，南沙居民依水而居，自然的力量与居民的世代辛劳，终将浩渺无际的海湾变成万顷良田。冲积平原，河网如织，黄山鲁（一般海拔200m，主峰海拔295.3m）、大山乸（一般海拔150m，主峰海拔224.6m）[2]等低山群构成了南沙的地貌特征。

从地貌的形成来说，南沙很年轻：约在晋代，沙湾以南的灵山至东涌一带，仍然是水深6～7m的浅海；到宋、元时期，随着人类活动的增加，上游垦荒对山林水土的破坏加速了江河淤沙成坦，原本处于浅海当中的丘陵洲岛（如黄阁、潭州）的边缘已淤积成坦并开始少量拍围成田；至清朝中叶，万顷沙亦已形成。[3]

如今的南沙（图1.1-2，图1.1-3），河网密布，处于咸淡水交汇区域，属于河口湿地生态系统，具有从海域到陆地的多种过渡带，生境丰富，敏感而复杂。临近珠江口水域分布着中华白海豚、中华鲟、黄唇鱼、花鳗鲡等国家和省级重点保护水生动物，其中横沥岛尖所在的上下横沥水道为重要的鱼类洄游场所。

同时南沙还处于中国沿海重要的东亚-澳大利亚候鸟迁徙路径上，南沙湿地公园是候鸟迁徙的重要停息地，每年10月至次年3月，约10万只候鸟在此停歇；黄山鲁森林公园，野生植物资源集中，鸟类资源丰富。

1　南沙概况. 广州市南沙区人民政府网站：http://www.gzns.gov.cn/zwgk/zjns/nsgk/content/post_6959624.html.
2　广州市南沙区档案局，广州市南沙地方志办公室. 南沙大全. 广州：岭南美术出版社，2011：56.
3　番禺市地方志编纂委员会办公室. 番禺县镇村志. 广州：广东人民出版社，1996：7-10.

图 1.1-1　南沙岛尖原状风貌 2020 年

图 1.1-2　横沥岛尖夹江内湖风貌 2020 年

图 1.1-3　横沥岛特色临河涌高角屋形态

人类活动时刻影响着动植物的生境。过去，野猪、水獭等动物都曾栖息于南沙，但由于人类捕杀和栖息地的破碎和消失，它们也随之在南沙绝迹。

1.1.2 地域人文

广州是海上丝绸之路南线的主要港口，而南沙则是广州这座千年商都的南大门。亚热带海洋性气候，充沛的雨量、光照，肥沃的土地，造就了南沙丰富的农产品；依托丰富的水资源、绵长的海岸线，南沙形成了以养殖为主、捕捞为辅的多样化渔业生产形式。

独特的自然环境，造就了世代依水而居、半渔半农的南沙居民，也孕育了独特的岭南水乡文化：横沥咸水歌、水乡婚嫁、妈祖文化、赛龙艇……水乡文化和海上商贸传统衍生出众多独特民俗活动并流传至今，成为南沙独特的文化印记（图1.1-4）。

在经济发展，生产方式变化，娱乐形式、消费文化多样化，疍民上岸定居等多重因素影响下，许多民俗活动日渐式微。近年来随着保护非物质文化遗产的意识日渐加强，许多民俗活动列入省级、市级、区级非物质文化遗产名录，通过调查、收集、保护、寻找适应当前时代的传承和宣传方式等多种途径，南沙的文化印记得以延续。

图1.1-4 南沙地域人文
图片来源：e南沙（http://www.gznsnews.com/index.php?m=content&c=index&a=lists&catid=24），奥雅纳拼合

1.2 城市期待

广州，千年商都，岭南文化的中心地，海上丝绸之路在此启航。作为粤港澳大湾区几何中心、广州唯一城市副中心的南沙，过去曾以农业为主导。随着改革开放、港资进入、广州南拓，南沙第二、第三产业发展，农业产值在社会生产总值构成中的比例相对降低，逐步被第二产业赶超[1]。近年来随着南沙全面实施国家战略，协同推进国家新区、自贸试验区和粤港澳大湾区建设，一系列政策机遇叠加于此，南沙迎来新一轮发展机遇，经济初步呈现高质量发展态势[2]。

> 2020 年 GDP 约为 1846 亿元，近 20 年增长约 24 倍；2020 年常住人口为 84.6 万人，近 20 年增长约 4 倍；城镇化率从 2005 年的 27.8% 增长至 2020 年的 72.9%；城镇建设用地近 20 年增长约 5 倍，年均增加约 4km²[3]。

1.2.1 南沙往事

1949 年 10 月 1 日中华人民共和国成立后，随着地区建制变化，南沙区曾分别隶属东莞县、中山县、珠海县；1959 年 7 月后南沙隶属番禺县管辖；随着 1975 年番禺县改隶广州市，南沙进入了广州的城市版图。

1988 年，洛溪大桥通车，番禺到省城广州的道路终于打通。霍英东率先提出了开发南沙。整个 20 世纪 90 年代，港资推动了南沙的产业发展。

2000 年，广州市开始编制《广州城市建设总体战略概念规划纲要》，确立了"南拓、北优、东进、西联"的空间拓展方针。南拓战略的提出，标志着南沙进入了广州主导的发展阶段。初期，南沙伴随南沙国际深水港

---

1 番禺市地方志编纂委员会. 番禺县志. 广州：广东人民出版社，1996：176-177.
2 2019 年广州南沙区国民经济和社会发展统计公报. 广州市人民政府网站.http://www.gz.gov.cn/zwgk/sjfb/gqsj/content/post_6459877.html 1 页
3 2018 年广州南沙国民经济和社会发展统计年鉴. 广州市南沙区人民政府网站.http://www.gzns.gov.cn/zwgk/tjsj/content/post_5795339.html 10 页

图 1.2-1 横沥岛尖鸟瞰效果图
图片来源：《广州南沙明珠湾起步区城市设计》（2018 年 10 月专家评审稿）第 6 页

一期、南沙港快速开通、丰田发动机／整车落户南沙，形成了重化工业驱动的产业新区建设。至 2008 年中科炼化一体化项目调整，南沙发展路径发生了转变。

2009 年，广州新版战略与总体规划编制，提出"南拓、北优、东进、西联、中调"十字方针，延续南拓战略。伴随 2010 年广州举办亚运会、2012 年南沙获批为国家新区、2014 年自贸区政策落地南沙、2015 年成为中国（广东）自由贸易试验区、2019 年提出打造粤港澳全面合作示范区，南沙进入了特殊政策区／城镇化驱动的新城建设阶段（图 1.2-1）。

从《广州城市总体规划（2011—2020）》的南沙滨海新城，到如今的广州唯一城市副中心、粤港澳全面合作示范区，南沙区的定位逐级提升，形成了"三区一中心"（图 1.2-2）的国家战略发展格局。多条国家铁路、城际轨道、地铁、高速公路、港口、商务机场在此汇聚，粤港澳大湾区"半小时工作圈"加快构建（图1.2-3）。如今的南沙迎来了高速发展的新阶段。

图 1.2-2 南沙区发展定位
图片来源：广州市南沙区人民政府网站 http://www.gzns.gov.cn/tzns/mzwq/fzdw/

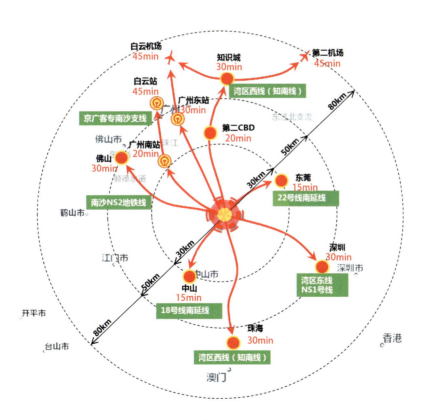

图 1.2-3 南沙区交通 30min 出行时效圈图
图片来源：《南沙战略 2035+ 广州副中心建设战略专题》第 109 页。广州市城市规划勘测设计研究院，2018 年 2 月

➤ 　　大湾区"半小时交通圈"加速构建。综合交通枢纽规划获批。广深港高铁、南沙大桥、广中江高速、地铁 4 号线南延段、地铁 18 号线首通段、明珠湾大桥、黄榄干线建成通车，南沙港铁路全线主体完工，深江铁路（南沙段）、南中高速等开工建设。万新大道、沙仔二桥、凤凰大道（一、二、三桥）等一批骨干市政路桥通车，"双环九射"市政主骨架路网基本形成。

1.2.2　区域规划

作为广州唯一城市副中心，南沙新区规划面积 803km²，其中南沙新区中心城区规划面积 283km²，是南沙新区城市生产服务和生活功能的集聚区（图 1.2-4）。规划面积 103km² 的明珠湾区，则是南沙新区中心城区的核心区域，将打造成具有世界先进水平的粤港澳大湾区中央商务区。

位于明珠湾区西北部的明珠湾起步区规划面积 33km²（图 1.2-5），是南沙开发建设先行区、示范区，规划建设金融商务发展试验区，重点发展金融服务、总部经济、科技创新和商务服务等。

明珠湾起步区由蕉门河口、灵山岛尖、横沥岛尖和慧谷西区 4 个片区组成，以"国际化、高端化、品质化、精细化"为目标，建设国际化滨海生态城市，按照"绿色生态、低碳节能、智慧城市、岭南特色"建设理念，高标准规划、高品质建设城市基础设施和公共服务设施，打造"岭南智慧水城，南海魅力湾区"[1]。其中横沥岛尖片区，是本次桥梁群专项设计所在区域。

由于政策环境、规划理念、规划环境等的一系列变化，为适应明珠湾区的发展，2018 年启动了《明珠湾起步区控制性详细规划》的修编工作。2019 年 12 月《明珠湾起步区（横沥岛 DH0501-08 管理单元）控制性详细规划修编》完成并正式发布，2021 年启动横沥岛尖城市设计优化及图则编制工作，全面提质增效，提升横沥岛尖综合价值。

1　明珠湾区规划设计理念. http://www.gzns.gov.cn/tzns/mzwq/ghsjln/

1 缘起——南沙与横沥城市肌理　021

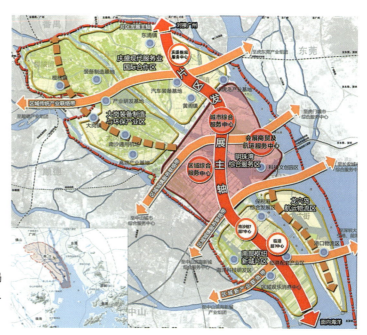

图 1.2-4　南沙区功能布局
图片来源：http://www.gzns.gov.cn/tzns/mzwq/gnbj/

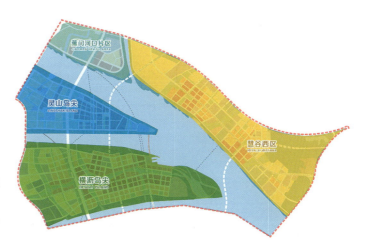

图 1.2-5　明珠湾起步区区块图
图片来源：http://www.gzns.gov.cn/tzns/mzwq/gnbj/

在延续 SOM[1] 城市设计提出的人行、生态、窄马路密路网、混合开发等规划理念[2]和《明珠湾起步区（横沥岛 DH0501-08 管理单元）控制性详细规划修编》韧性、生态、便捷、紧凑、宜居、特色规划理念（图 1.2-6）

1　SOM 建筑设计事务所（Skidmore，Owings & Merrill）。
2　《明珠湾起步区（横沥岛 DH0501-08 管理单元）控制性详细规划修编 技术文件（说明书＋图集＋基础资料汇编＋公众参与报告）》，2019 年 12 月，说明书第 7 页。

图 1.2-6 规划理念
图片来源：《明珠湾起步区（横沥岛 DH0501-08 管理单元）控制性详细规划修编》技术文件，第 19 页

的基础上，横沥岛尖城市设计优化将横沥岛尖的空间结构优化提升为"双核一轴、蓝脉绿网、活力社区"（图 1.2-7）。

自 2012 年南沙新区获批后，以灵山岛尖、横沥岛尖为核心的明珠湾起步区启动开发建设。目前作为以金融服务、总部办公、科技创新、商贸服务等功能为主的横沥岛尖正在紧锣密鼓地进行基础设施建设，2018 年 10 月已全面动工，计划 2023 年完成基础设施建设，2025 年完成产业导入[1]。同时，国际金融论坛（IFF）项目，中山一院、口腔医院等项目也在同步推进当中，横沥国际金融岛建设正在加快推进。

---

1 明珠湾区土地开发策略. http://www.gzns.gov.cn/tzns/mzwq/tdkfcl/.

图 1.2-7 结构优化

"双核一轴、蓝脉绿网、活力社区"空间结构

（1）双核：提升横沥站、横沥东站周边混合兼容性、开发强度。

（2）一轴三节点：

中轴涌乐活水轴＋三大特色活力节点（休闲C-PARK、水上客厅、文娱门户）

沿中轴涌塑造文化娱乐复合功能及特色节点、强化组团联系。

（3）蓝脉绿网：引导绿廊/公园渗透入城，打造5min可达的均好的滨水公园网络。

（4）活力社区：以活力社区为基本单元，实现产城融合，环境优美，服务便捷社区。

图片来源：《南沙横沥岛尖城市设计优化方案沟通》，第24页

1.3 难题初现

　　窄马路、密路网、桥梁众多、蓝绿交织的水陆结构、高端商务办公区规划,在这样的背景之下,我们应该以何种态度和方式对待横沥岛尖的建设?城市规划、城市设计已经为横沥岛尖描绘了美好的蓝图,要如何实现?

>> 桥梁群特征：水网密布，桥梁密集，过河涌、桥梁数量多，参与单位多，上位规划对桥梁定位无明确要求。（图1.3-1）

图1.3-1 建设中的横沥岛
图片来源：明珠湾管理局

1.3.1 规划层面难点

1. 片区规划定位、建设标准要求高：明珠湾区以高标准规划、高品质建设城市基础设施和公共服务设施，打造"岭南智慧水城，南海魅力湾区"，而横沥岛尖是明珠湾区核心中的核心。

2. 设计要求高：响应韧性、生态、便捷、紧凑、宜居、特色的横沥岛尖规划理念，桥梁设计须在与区域生态、城市空间节奏、城市功能协调匹配的前提下开展设计。

3. 桥梁数量多且密集："一横三纵"四条内河涌、密路网规划理念，带来桥梁数量多、桥梁密集等设计难点。

全岛共计规划35座车行桥连贯两岸。其中7座为桥闸合建桥，由水务景观版块进行管控，其余28座为市政景观车行桥，属市政版块管控范围（图1.3-2）。桥梁间距介于85～360m，逾六成桥梁间距小于200m。

图1.3-2　桥梁分布
图片来源：奥雅纳

1.3.2 管理层面难点

设计界面复杂：横沥岛尖整体上采用一级、二级分开开发的模式。横沥岛尖多种项目与桥梁存在接口关系（如河道、地下道路、地下人行空间、地铁、市政管线、管廊、水闸、泵站等），且单个桥梁可能与多个项目存在接口关系，同时各类项目的同步推进可能造成接口条件的动态变化。

参与单位多：5家设计单位参与28座市政车行桥的设计工作，桥梁群设计容易出现设计同质化，不同桥梁相互竞争、过分浮夸、缺乏主次的问题。同时桥梁设计单位还需要与多家接口项目设计单位进行设计协调。

设计单位特点：传统桥梁设计单位擅长工程设计，对于中小桥需要建筑师参与的景观设计有所欠缺，而如何从城市角度定位桥梁群、与城市建筑协调衔接以及人性化设计等方面缺少相关的工程经验。

1.3.3 前车之鉴

随着改革开放的不断深入，城市迎来了高速发展的阶段。20世纪80年代至20世纪末，城市建设以满足功能需求为主要目的，解决了从无到有的问题，但普遍存在标准不高、运行管理粗放等问题。

近年来，社会发展水平不断提高。党的十九大报告提出"中国特色社会主义进入新时代，当前社会的主要矛盾转化为人民日益增长的美好生活需要和不平衡不充分发展之间的矛盾"，人们对精神和物质的需求越来越多元化，逐渐由满足量向追求品质发展，而在人居环境品质方面，体现为对空间品质、生态环境、人性化细节等的要求亦越来越高。

横沥岛尖的建设发展中提出了"国际化、高端化、品质化、精细化"的目标。对过往桥梁设计不足之处的回顾，有助于形成更好的设计。

常见的主要问题可归纳为以下两个方面：

桥与桥之间的关系问题

过去的桥梁往往零散分布于主要交通要道上，传统上更侧重于桥梁单

图 1.3-3 相邻桥梁造型不协调
图片来源：广东省交通规划设计研究院集团股份有限公司

图 1.3-4 桥梁形象互相干扰，未形成群体特色，无法互相成就
图片来源：广东省交通规划设计研究院集团股份有限公司

体结构的设计。

随着城市桥梁数量的增加,出现了沿河分布、在局部水系内密集分布的桥梁群,但设计方法却未随之进行完善,往往忽略对桥梁群体形象的统筹考虑,出现如相邻桥梁造型不协调(图 1.3-3)、桥梁形象互相干扰等问题,未能形成群体特色,无法互相成就(图 1.3-4)。

桥梁单体设计问题:

过往市政桥梁单体的设计,往往关注通行功能的达成,对其他方面的细节考虑有所欠缺。

人行使用舒适性:如桥下空间局促,空间体验不佳(图 1.3-5、图 1.3-6),存在安全隐患;人行道与机动车道高差过大等;

项目之间的衔接协调:如滨水景观带灯具设置未与桥下空间设计协调(图 1.3-7);

精细化设计考虑不足:如桥梁立面水渍问题(图 1.3-8)、未对衔接处进行设计(图 1.3-9)、桥梁细部衔接生硬且不协调(图 1.3-10)、管线外露且未与桥梁造型协调(图 1.3-11);

灯光设计对人居环境和环境生态产生负面影响:如眩光(图 1.3-12)、灯光直射水面、夜景照明亮度过高、过度采用动态光和色彩光等。

图 1.3-5　桥下空间局促，空间体验不佳 1
图片来源：M-Production, iStock

图 1.3-6　桥下空间局促，空间体验不佳 2
图片来源：DenBoma, iStock

图 1.3-7　滨水景观带灯具设置未与桥下空间设计协调
图片来源：奥雅纳

图 1.3-8　桥梁立面出现水渍
图片来源：奥雅纳

图 1.3-9　未对衔接处进行设计 3
图片来源：Lingqi Xie，Getty Images

图 1.3-10　桥梁细部衔接生硬且不协调
图片来源：广州市市政工程设计研究总院有限公司

图 1.3-11　管线外露且未与桥梁造型协调
图片来源：Andrii Kozlytskyi，iStock

图 1.3-12　眩光影响
图片来源：Stanislav Ostranitsa，iStock

2 创新
——桥梁景观总师制度的提出

2.1 厉行创新的明珠湾管理局技术管理体系

2.1.1　明珠湾开发建设管理体制

管理机构设置

广州南沙开发区管委会高度重视明珠湾起步区的开发建设，于 2013 年 3 月成立了广州南沙明珠湾起步区开发建设指挥部（以下简称"指挥部"），按照"管委会 + 指挥部 + 平台公司"的开发建设组织模式，负责全面统筹协调推进明珠湾起步区开发建设，并在灵山岛尖先行试点。由于区内机构改革，指挥部于 2019 年 8 月撤销，并由明珠湾管理局承接原指挥部的部分职能，继续推进明珠湾起步区的开发建设工作。

2017 年 9 月 1 日，广州市政府发布《广州市南沙新区明珠湾开发建设管理局设立和运行规定》（广州市人民政府令第 151 号），广州市南沙新区明珠湾开发建设管理局依令设立。同年 9 月 6 日，南沙区成立了明珠湾管理局筹备组，负责推进机构的前期筹建工作。根据广州市南沙新区明珠湾开发建设管理局决策委员会第三次会议精神，明珠湾管理局于 2019 年 2 月 1 日开始正式运作。

根据《广州市南沙新区明珠湾开发建设管理局设立和运行规定》，明珠湾管理局职责主要包括：负责统筹协调明珠湾起步区内有关的规划和土地管理、建设管理、计划投资管理、招商引资等工作；负责履职区域内城市基础设施、公共服务配套设施等的运营和维护管理，探索政府和社会力量共同参与的管理模式；负责履职区域内建设项目相关行政审批的协调服务，统筹协调开发建设单位开展业务；负责协助、配合广州市人民政府有关部门、南沙区人民政府有关部门和所在镇街在履职区域内依法履行职责；承办党工委、管委会和上级部门交办的其他事项。

开发建设模式

灵山岛尖区域城市开发与建设项目采用"政府主导、市场运作、企业参与"的方式，引入大型企业实施投融资和开发建设，加速推进区域产业功能聚集。经呈报市委市政府研究通过，通过公开招标方式，灵山岛尖项目引入大型有实力的央企与南沙城投公司（区属全资国企）合资成立项目公司，对明珠湾起步区灵山岛尖城市区域进行融资开发建设。在具体工作推进中，管委会负责明珠湾起步区开发建设总体决策和指导，研究决定开发建设中的重要工作或项目。指挥部在管委会领导下负责全面统筹、监督控制、协调服务明珠湾起步区的开发建设，具体包括目标与计划管理、技术管理、投资管理、工程管理和质量管理等工作。根据2017年4月修订版的灵山岛尖项目建设责权体系，项目部分事项须提交指挥部批准，如制定项目整体建设计划、项目融资方案及计划、项目建设成本及收益的支付、工程一二类变更的审核审批等。

横沥岛尖项目对原沿用的灵山岛尖项目模式（"投资人+施工总承包"）进行了整改，调整为"财政直投+施工总承包"模式，以落实中共中央和国务院文件精神，避免形成新的政府隐性债务。明珠湾管理局在指挥部的指导下建立了"指挥部+临时机构+施工总承包"的组织架构，指挥部主要发挥统筹、监督、协调项目开发建设的作用，明珠湾管理局在指挥部的指导下承担项目业主职责，并与南沙城投公司组建临时机构（明珠湾横沥岛项目建设管理中心）作为项目建设管理工作的具体实施部门，项目建设事务的运作相对独立。

2.1.2 技术管理机制创新

明珠湾管理局始终坚持先行先试、改革创新的原则，建立、健全职责明确、决策科学、运转高效的体制机制，建设粤港澳合作核心区和国际高端产业综合服务中心，打造与国际接轨的营商环境。

横沥岛尖不仅有桥梁景观总师。项目伊始，明珠湾管理局打破常规片区开发的思路，根据横沥岛尖建设发展的特点，首创性提出"三总师、三统筹、一协同"的技术管理体系，对提高城市建设品质起到了积极的作用（图2.1-1）。

图2.1-1 "三总师"——区域设计总师制度

三总师

"三总师"之桥梁总师：制度分三个层级推进。

第一层级：上承规划——编制景观桥梁设计策划文件：《横沥岛桥梁群景观工程设计总体策划咨询报告》。梳理上位规划要求与区域肌理，分析使用人群特点，形成分区域设计主题与基本设计策略，明确桥梁重要性层次。

第二层级：中列指引——编制景观桥梁关键系统设计指导文件《南沙横沥岛尖跨河涌景观桥梁群设计指引》。文件力求做到"三性"：全面性：覆盖全过程各专业，做到全面把控；准确性：以正负面清单为载体，管控要求精准表达；易读性：使桥梁设计人员便于阅读与易于领会。

第三层级：下抓落实——建立管理体系，全过程咨询管控。拟定目标清单，力争精准下达任务要求；建立并执行成果检验制度，通过成果检验指标表，逐条核对；建立高效沟通机制，包括意见反馈机制、争议协调机制等。

"三总师"之景观总师：通过景观总师实现动态协同，更精准、更高效地应对多系统之间的互相关系，实现精细化管理，保障高品质发展；强化"四性"的贯彻落实。

第一，协同性。从空间上进行系统的整个串联，大方向主题下进行分系列主题策划，将外江景观、内涌景观、社区公园及线性绿廊整体统筹；

同时将空间与时间进行叠合考虑，将空间形态、生态、智慧、标识、照明等要素一体化考虑，功能多元，整合规划设计。

第二，动态性。设立动态追踪、灵活调整的渠道，搭建高效沟通、及时反馈的平台。

第三，操作性。先行引导，分层把控：通过总体策划和相关技术引导文本，明确设计目标、主题、控制性因素等，引导跨专业全覆盖的设计模式。同时面向设计者形成可量化的刚性、弹性设计要求，形成设计前指导。接口有机衔接，厘清建设时序：将基础设施纳入统一的管理平台，梳理空间、功能系统的接口条件，明确开发时序。

第四，科学性。生态优先，面向未来：尊重横沥岛的生态本底条件，突破传统"城市美学"主导的景观设计理念，强调景观系统的生态环境功能，营造宜居、韧性的自然城市；改进设计方法，鼓励技术创新：借助数字仿真模型等技术手段，为构建复合功能的景观提供理论支撑；鼓励产研结合，促成"横沥岛尖堤脚滩涂生态修复试验方案"等多项省级、国家级科研项目的开展，同时引导设计单位内部向更科学的设计方法进行变革。

"三总师"之生态总师：制度分三个层级推进。

第一层级：顶层设计。以十六字方针（绿色生态、低碳节能、智慧城市、岭南特色）为纲制定绿色生态城区指标体系，以23个指标引领城区建设各个方面。

第二层级：中层衔接。水资源、绿色交通、绿色能源、固废处理等方面专项规划与常规规划协同推进区域建设。

第三层级：底层管控落实。制定《绿色生态建设实施方案》，明确近三年重点建设内容，通过建设效益良好、教育示范类典型生态试点项目，以点带面铺开生态建设。

三统筹

"三统筹"之接口统筹

横沥岛尖为规划的新发展片区，集约程度与开发强度均较高，新建工程项目体量大，参建单位多、设计接口众多。

一二级开发同步推进，大量工程项目在短期内同步落地，对项目与项目之间顺畅、高品质的技术衔接提出了较高的要求。

通过接口统筹工作，解决信息不对称、信息传递效率低、接口衔接品质低、接口衔接漏项、单体项目推进思维等痛点与难点问题。

"三统筹"之勘察统筹

针对横沥岛尖开发建设项目多、参建单位多、工作界面重叠或邻近等特点，创新性地制定勘察统筹工作模式，加快区域勘察进度，提高勘察工作的质量，充分利用勘察交接区域的勘察成果，避免重复勘察，节约横沥岛尖开发建设的总体成本。

"三统筹"之设计统筹

设计统筹工作主要依托市政版块作为主要试点版块，并逐步在其他版块推广。

参建单位多。市政工程共分为 10 个项目，初设及施工图设计标段分为 7 个，涉及 5 家设计院。各设计院设计理念不一，出图标准不同。

涉及专业多。市政工程涉及专业较多，包括路线总体、路基、路面、管线、管廊、桥梁、照明等专业。需要统一各专业的设计标准、设计深度、设计方案及设计工艺。

统筹思路一：以专题引领方案，以通用图约束设计图，针对技术方案编制专题技术报告，组织设计咨询研讨确定方案，进而编制设计通用图，最终落入设计图。

统筹思路二：各取所长，发挥各单位长处，由擅长某专业的设计单位作为该专业的设计总体牵头单位组织方案及通用图编制，最大化提高整体参建方的团队效率与成果品质。

"一协同"之规划协同：推动地下空间规划协同及街区一体化设计体系

地下空间规划协同：提前开展各项设计专题研究，通过系统的相互协调，将设计专题研究成果与规划成果协调，确保公共系统方案的落地性。

基于横沥岛尖"窄马路、密路网"规划理念下的城市布局特点，其一级开发区域空间不足以承载出地面设施，部分出地面设施需要占用二级地块用地范围。通过协同创新工作机制，提前明确出地面设施的空间需求，确保公共系统方案的稳定性，并将条件输入规划图则，形成未来土地出让条件最有利的设置依据。

街区一体化设计体系（图 2.1-2）：深度解析上位规划，将市政工程

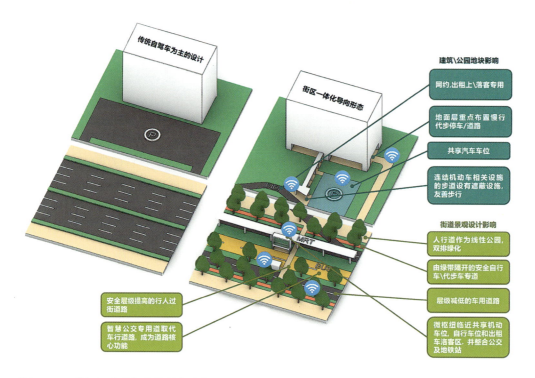

图 2.1-2　街区一体化与传统形态对比

与二级地块开发作为整体进行设计研究，形成街区一体化设计体系。街区统筹设计要求，落入城市设计图则修编，并由城市设计总师协助落实（图2.1-3，图2.1-4）。

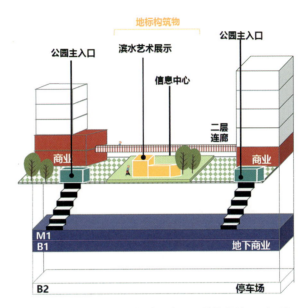

图2.1-3　中央公园街区与地下商业一体化设计图则思路

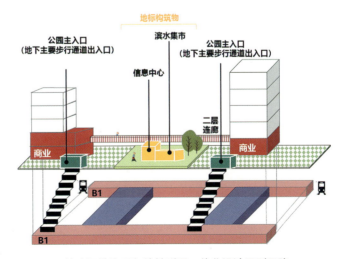

图2.1-4　蛙鸣湿地街区与地铁联通一体化设计图则思路

2.2 横沥岛尖桥梁景观总师制度的创新历程

作为一个针对横沥岛尖特点而创立的"技术+管理"整体性把控管控的模式，横沥岛尖桥梁景观总师制度的推进在探索中前行。通过全面推行"桥梁景观总师制度"，在各方协力合作下，横沥岛尖市政景观桥梁群设计工作稳步推进，呈现"不缩水"的城建理念。

从时间线上，横沥岛尖桥梁景观总师制度的创新历程可归纳为工作框架确立阶段、景观桥梁策划阶段、指引编制阶段、管理制度完善阶段和指引应用阶段。

1. 工作框架的确立

横沥岛尖水网密布，桥梁数量多、跨径小、距离近，这些特点造成的规划承接、设计方案、技术管理方面的多重难点，让明珠湾管理局意识到"单个景观桥梁设计+咨询"传统模式行不通——无法满足横沥片区桥梁群的高品质、精细化建设目标，需要进行管理体制的创新，以便更好地推进横沥岛尖桥梁群的设计管理和落地工作。

经过对前海、横琴等片区开发项目桥梁设计工作的调研，编制了《横沥桥梁景观设计工作推进思路报告》，报告中对横沥岛尖桥梁情况、周边相近片区桥梁群设计管理模式进行了分析和经验总结。同时基于横沥岛尖桥梁群的特征，提出"统筹策划+专题研究+方案设计+全过程跟踪"的工作思路。

考虑桥梁各专题之间的高度关联和互相影响，大指引模式较之分专题模式更利于形成桥梁的系统性指导文件，后经明珠湾管理局梁睿中总工程师审定，最终明确"策划+指引+方案设计"的工作框架。

2. 分层把控的景观桥梁策划

景观桥梁策划阶段始于 2019 年 9 月 24 日，明珠湾管理局技术处向奥雅纳发出景观桥梁策划联系单，并由此展开《南沙横沥岛尖跨河涌景观桥梁群设计策划》编制工作。

过程中经过与明珠湾管理局技术处的多轮沟通和讨论，根据会议成果，奥雅纳对桥梁建设时序和推进模式进行了修正，并加强了桥下空间设计的分析策划。最终在 2019 年 11 月 21 日，"南沙新区横沥岛尖跨河涌桥梁策划专题会"向南沙开发区管委会总规划师庄海波同志进行了《南沙横沥岛尖跨河涌景观桥梁群设计策划》成果汇报。根据会议要求，奥雅纳进一步深化和提炼景观桥梁理念、深化建设总体构思，并于 2019 年 12 月 13 日发出修改完善后的《南沙横沥岛尖跨河涌景观桥梁群设计策划》成果。

这一过程的成果，侧重对桥梁群的主次序列、群体形象和节奏的整体把握，以便于后续设计工作开展时，融合及协调片区不同设计单位的桥梁设计风格。

3. 面向实施的指引编制

根据 2019 年 11 月 21 日"南沙横沥岛尖跨河涌景观桥梁群设计策划专题会"会议要求，在完成了《南沙横沥岛尖跨河涌景观桥梁群设计策划》后，奥雅纳开始展开指引编制工作。

通过与明珠湾管理局技术管理处的紧密沟通与商讨，首先确定指引编制的工作计划和框架内容。为使指引成果更具有针对性而非泛泛地面面俱到，结合横沥岛尖规划和场地特征、周边桥梁建设经验、横沥岛桥梁设计单位的工作特点、南沙"高品质、精细化"建设目标，针对易被忽略和亟待提升的关键性系统进行分类控制及分阶段控制，由此拟定《南沙横沥岛尖跨河涌景观桥梁群设计指引》的框架内容和控制方式。

过程汇报中，结合明珠湾管理局梁睿中总工程师提出的优化指导文件的易读性便于桥梁设计人员阅读与领会，优化指导文件的准确性使总师的管控要求精准表达、策划意图准确落地等意见，奥雅纳对《南沙横沥岛尖跨河涌景观桥梁群设计指引》进行补充完善，并征求各单位意见。

4. 管理制度完善

2020 年 5 月 13 日，南沙横沥岛尖跨河涌景观桥梁群设计指引专题会由明珠湾管理局梁睿中总工程师主持召开。听取了奥雅纳关于《南沙横沥岛尖跨河涌景观桥梁群设计指引》的汇报后，明珠湾管理局梁睿中总工程师强调完善过程管理要求及制度，包括成果管理要求、成果检验相关制度、方案争议协调机制等，以确保设计全过程都"有章可循，有章必循"，做到全面把控。桥梁正负面清单机制的构想，亦由此产生。

5. 指引应用阶段

设计单位切实理解《南沙横沥岛尖跨河涌景观桥梁群设计策划》《南沙横沥岛尖跨河涌景观桥梁群设计指引》及相关管理制度，确保桥梁设计的顺利开展。因此，在桥梁方案开展设计前，奥雅纳除就前述的成果文件征集设计单位意见外，还向设计单位进行多次宣贯。

后续设计单位开展设计过程中，奥雅纳则根据设计单位提供的成果文件，分阶段开展桥梁方案阶段的日常咨询工作。

最终，在桥梁总师制度指引下，明珠湾管理局、总师团队、设计团队等各参建方各司其职，充分发挥整体团队效率，高效高质地完成了横沥岛尖桥梁群的设计方案。

伴随着城市的快速发展、基础设施的大力建设，改革开放40余年来，中国桥梁进行了大量的实践，从过去的学习追赶到今天的创新发展，截至2020年年底，仅已建成的公路桥梁总数就超过91万座[1]。在过往的实践当中，设计单位往往更重视大桥、特大桥梁的设计，中小型规模的桥梁往往采取常规设计，而缺少创作精品的动力。

近年来，随着我国城市建设设计及管理水平的提升和经济社会的快速发展，使用者、管理者都对桥梁景观以及桥梁整体设计品质提出了更高的要求。

横沥岛尖内河涌桥梁群按桥梁跨径大小划分，均属于中小型桥梁。桥梁景观总师制度的实施，是希望在设计层面，通过前期对桥梁群的整体性策划研究及过程中对设计的把控，推动设计单位从观念及行动上逐步转变，真正落实"建筑、结构深度融合，多专业协同一体化设计"，并促使设计、施工向品质化、精细化的目标迈进，最终创作出适合横沥岛尖的精品桥梁群。

横沥岛尖桥梁群项目鼓励设计单位创新和在开放性思维下进行创作，但不是为了创新而创新、为了不同而不同地堆叠设计元素或一味采用新技术。横沥岛尖的桥梁外形可以不张扬，可以是朴实的，但它应该是具有建筑美、结构美的桥梁，与城市环境协调的桥梁，同时在使用过程中应该是舒适、精致的。

---

[1] 2020年交通运输行业发展统计公报. 中华人民共和国交通运输部网站，2021年5月19日，https://xxgk.mot.gov.cn/2020/jigou/zhghs/202105/t20210517_3593412.html.

桥梁景观总师制度 3

根据前述的分析总结，横沥岛尖桥梁项目面临不同层面的问题：

1）规划层面：上位规划到桥梁落地之间存在空白，缺少直接指导设计单位进行设计的具体指引。

2）设计层面：容易出现设计同质化、不同桥梁相互竞争、过分浮夸、缺乏主次、可能发生设计、落地"两层皮"的问题。

3）管理层面：参与的设计单位多，设计过程精细化管控难，管控工作量大，设计品质管控标准缺乏，设计接口界面管理复杂。

上述问题的发生横跨设计的各阶段。在推进过程当中，上述问题之下，又会因应实际事项形成其他衍生问题，需要采用不同的方法逐个击破。

3.1 编制理念

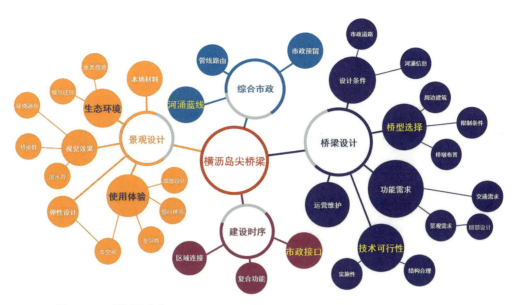

图 3.1-1 项目重难点
图片来源：奥雅纳

基于前述横沥岛尖桥梁的规划、设计、管理的多重难点，为使桥梁景观总师制度工作发挥最大效能，达到横沥岛尖高品质、精细化建设目标，奥雅纳在策划、指引编制及后续咨询过程中秉持问题导向、多界面协同、方案跨界面统筹理念开展相关工作（图 3.1-1）。

桥梁的设计、桥梁群的设计不能拘泥于传统的基建思维，孤立查看桥梁。基于不同的专业背景和特性，不同专业人员和使用者看待同一事物的思考出发点、关注点和侧重点均会有所差异。唯有从不同专业人员及使用者的视角出发，多维度分析，方能全面了解横沥岛尖桥梁群，推导形成平衡各方需求的结论。

因此采用一体化设计、人本主义的设计思维，以全局观念、平衡观念，坚持以人为本和可持续发展的设计价值观，从城市角度看待横沥岛尖的建设发展，继而探讨桥梁群的功能和角色，再展开分析桥梁个体的设计，形成适合该区域特征的桥梁（表 3.1-1）。

设计价值观　　　　　　　　　　　　　　　　表 3-1

全局观念	系统性思维，设计对象与城市互相影响和制衡，应充分协调，有机融合，使设计对象的形象和功能恰如其分
平衡观念	基于城市发展需求和场地特征，高度关注人的各类使用体验和生态保育，细分区域需求，平衡之下寻求最优解
以人为本	公共服务设施须体现人文关怀。充分考虑不同使用者和使用场景，为不同年龄、不同身体条件的人群创建舒适、安全、便捷的人居环境并预留发展弹性
可持续发展	构建多元复合的绿色基础设施，绿色基建+灰色基建，共同构建韧性防灾体系

来源：奥雅纳

由此形成以下三大项四类相互关联、层层递进的工作（图 3.1-2）。

1)《南沙横沥岛尖跨河涌景观桥梁群设计策划》：承上启下，弥补规划真空地带

通过对城市进行思考，在深入解读上位规划基础上开展景观桥梁群策划，全面梳理景观桥梁群各桥梁定位、设计策略、设计关键要素、控制要求等，把控整体桥梁群节奏和方向。

2)《南沙横沥岛尖跨河涌景观桥梁群设计指引》：向下延续、细化，提前明确设计要求

图 3.1-2　桥梁景观总师工作内容
图片来源：奥雅纳

根据《南沙横沥岛尖跨河涌景观桥梁群设计策划》识别关键问题及关键系统，进行控制性研究，形成刚、弹性设计要求。

3）设计过程把控及管理制度：嵌入式咨询，分层把控，动态管理

根据项目特点和时序需求，为减少过程中的反复，对设计单位的成果提交内容分阶段提出要求，对于方案的审查亦相应分阶段提供。标准化管理制度与过程当中根据设计单位实际情况灵活调整结合，提前识别潜在问题，实现分层把控和动态管理。

3.2 承上启下的《南沙横沥岛尖跨河涌景观桥梁群设计策划》

　　立足于横沥岛尖自身拥有的各项资源和优势,应该以何种态度和方式对待,才能使横沥岛尖的城市本底条件得以持续地支撑城市未来的发展,最终达到城市期待的"绿色生态、低碳节能、智慧城市、岭南特色",实现高品质、韧性生态、宜居宜业等需求?

　　城市规划、城市设计已经为横沥岛尖描绘了美好的蓝图,要如何实现?

　　作为城市建设中重要的公共基础设施,桥梁群之于城市,又是什么?扮演什么角色?

　　横沥岛尖的桥梁群和桥梁又应该考虑什么,谁来用,怎么用?

3.2.1 思维溯源——方法与理念

常规的桥梁设计，往往更关注桥梁个体的设计和通行功能。由于横沥岛尖桥梁数量多而密集、设计单位多，套用常规模式进行设计，容易出现设计同质化、不同桥梁相互竞争、过分浮夸、缺乏主次等问题。因此，仅关注桥梁个体的设计方式，已不能适应横沥岛尖 28 座市政景观桥梁的需求。

目标导向为原则。南沙横沥岛尖跨河涌景观桥梁群设计策划阶段的关注重点是桥梁的群体层面的设计，其核心是定义桥梁群是什么、怎么做的问题，即明确横沥岛尖桥梁群的整体设计方向和整体节奏。横沥岛尖桥梁景观设计的核心不在于突出个别桥梁的亮点，而在于桥梁群与城市、桥梁群内部的整体呼应与协调。

现有的上位规划对桥梁定位无明确要求，无法直接指导设计单位开展桥梁设计。面对上位规划和桥梁设计之间的真空地带，奥雅纳突破专业界限，汇集建筑、景观、结构、照明、生态、综合市政、工程管理等专业，融合房建和基建思维，不仅着眼项目本身，更是交付一个有机融合的城市系统。

《南沙横沥岛尖跨河涌景观桥梁群设计策划》以城市层面的宏观分析为切入点，定义桥梁群角色，整体勾勒桥梁群形象，谋定方向；中观层面化零为整、化繁为简，结合 28 座市政景观车行桥所在河涌和区域特征，分组分析不同区域桥梁群适合的角色和定位，分主次，定策略；微观层面多专业出发，厘清需重点引导的关键系统，明确策略、主题和方向，以便开展下一阶段的指引编制。

>> 不仅是桥梁单体的策划。

从群体形象入手,首先对全岛桥梁群形象,成体系地进行谋划。

同时考虑与整体城市空间的关系及功能

考虑使用者行为和趋势

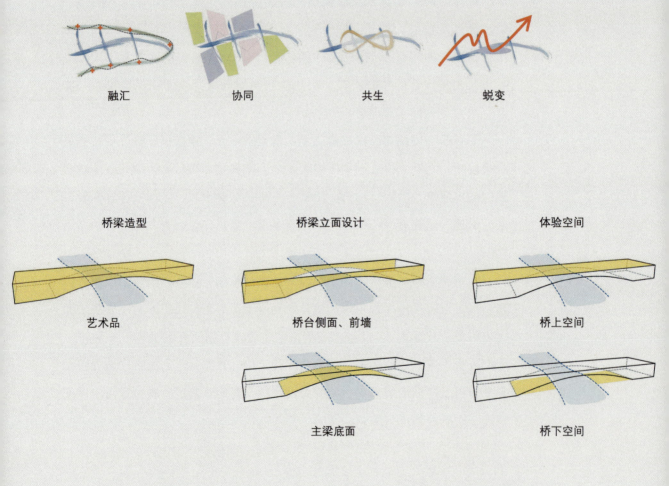

图 3.2-1 南沙横沥岛尖跨河涌景观桥梁群设计策划的特点
图片来源:奥雅纳

考虑动植物的需求

桥梁不仅仅具有通行的功能

而是城市空间中的建构筑物，是城市空间设计

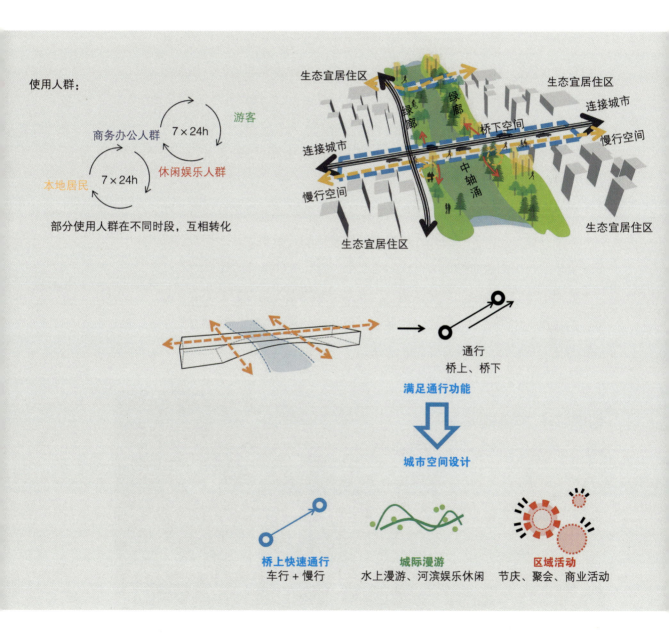

3.2.2 凝练——总体设计概念

通过对横沥岛尖相关规划、城市环境、自然生态、技术功能、使用者等方面进行多维度深入分析，奥雅纳提炼出"创智辐辏 多维链城"的桥梁群总体设计概念（图3.2-2）。

辐辏，形容人或物聚集和稠密。

在横沥岛尖桥梁群策划中，将桥梁视为多元的绿色基础设施，桥梁群不应仅仅承载交通联通的功能，而应该承载和汇聚多样化的功能，成为包容开放的多元载体网络和城市公共空间的重要载体，支持城市的永续发展。

1. 城市本底之于横沥：构建能量源

支撑城市未来的永续发展，需要立足于城市现有的优势和特点，重构属于横沥岛尖的城市本底（图3.2-3）。

它既包括城市基础设施的强化和提升，产业的适时升级调整，自然生态和人居环境、人文环境的提升，也包括城市规划、城市设计、城市战略等宏观政策、规划层面的顶层设计，是一个硬件、软件条件的综合提升。

它是一个错综复杂的网状结构，为上部不断发展的城市提供养分和支持，为在此工作生活的人群提供归属感，同时向外展示这个区域独有的个性和特征，是城市可持续发展的能量源。

图 3.2-2　总体设计概念
图片来源：奥雅纳

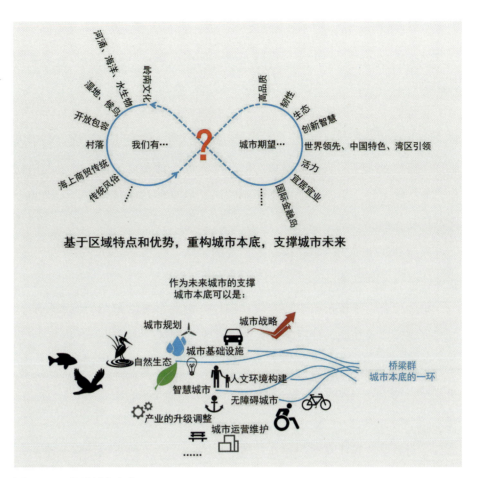

图 3.2-3 构建城市本底
图片来源：奥雅纳

诚然，由于城市本底由各种系统、子项构成，各种系统、子项之间可能形成互相促进或冲突的关系，因此对于各子项，最好的设计，应是各项因素博弈之下取得的最优解，是最适合该处该条件下的选择。

对于桥梁群来说，它首先是基础设施，是城市本底的一环，确保城市路网通达。在通行功能之外，桥梁群又可以是什么，能衍生什么功能呢？

2. 桥梁群之于城市：城市空间塑造

我们将桥梁视作城市中的建构筑物，是城市空间的设计。对于桥梁群与城市空间的关系，我们首先从桥梁群入手，对桥梁群的形象，成体系地进行策划，有主次地形成序列、主题和空间节奏，勾勒桥梁群的大形体节奏。对于桥梁单体，除了整体造型的设计，还需要注意桥台侧面、前墙、梁底的立面设计、桥上桥下空间的设计，并由此衍生形成城市体验的空间，联合滨水景观带空间，桥梁可以成为城际休闲漫游、区域活动的发生器和连接点。

对于城市空间的塑造，还需要将使用者体验和需求融入工程设计当中。宽泛来说，使用者既包括人，也包括区域内的动植物和其他生物。对于人而言，需要城市空间具有吸引力、舒适性、安全性和可达性；对于动植物和其他生物来说，主要的需求则是不破坏其栖息地和栖息环境、人类的干扰不扰乱生物的节律。

人与其他生物的需求往往存在一定的矛盾，同样需要在平衡观念下进行设计，以达到均衡。

总体而言，落在桥梁设计本身，设计关键要素可以归纳为城市环境、自然生态、技术功能、使用者四大关键要素（图3.2-4）。

3.2.3 推导与谋定——横沥岛尖桥梁景观重要性分组

以明确整体设计方向和整体节奏为目标，从28座桥梁群体形象入手，通过多维度、多层次的深入分析，《南沙横沥岛尖跨河涌景观桥梁群设计策划》形成了9部分内容（图3.2-5），成果结论涵盖横沥岛尖景观桥梁群的整体定位、设计原则、整体主题、分区主题、整体造型等内容，由此把控桥梁群整体设计方向和整体节奏，形成横沥岛尖桥梁景观重要性分组

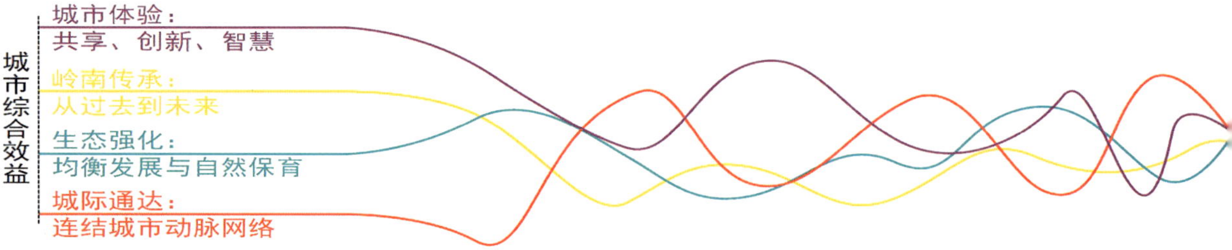

图 3.2-4 设计关键要素
图片来源：奥雅纳

和与之匹配的桥梁群形象要求、整体设计策略、设计建议等内容，并面向实施提出项目重难点、建设时序和推进模式建议。

从建筑景观角度出发的场地条件分析、桥梁群体设计分析与从桥梁工程技术角度出发的桥梁结构选型分析、边界条件分析，两方面同步进行，照明、生态、综合市政、工程管理等专业同步配合。

在这一过程当中，将使用者要素贯穿始终，以期不同类型、不同时期的使用者均能获得良好的使用体验。

桥梁工程技术角度，结合河涌及绿廊宽度，理性推导南沙横沥岛尖桥梁群的可选桥型（图3.2-6）。结合控规修编文件，对边界条件进行梳理总结，桥梁与河道、地下道路、隧道、地下人行空间、地铁、市政管线、管廊等均存在接口关系。

从建筑景观角度，针对城市环境、自然生态、技术功能、使用者几方面，对横沥岛尖与桥梁策划密切相关的十余份上位规划和相关设计进行了详尽梳理，从定位、空间结构、用地性质、建筑密度、高度、慢行系统、景观结构、夜景照明、滨水景观设计、相关工程等方面进行全方位解读（图3.2-7）。

除了关注场地内部条件，对周边现状桥梁情况的解读也会给横沥岛尖桥梁项目带来启发：

城市环境
城市风貌
历史人文
安全防灾

自然生态
自然保育
低影响开发

技术功能
桥梁选型
建设时序
综合市政
城市景观

使用者
人和动植物
使用者行为

桥梁群
不同层级、不同维度的城市功能交织

01 项目背景	02 项目发展定位	03 规划梳理	04 桥梁技术要点	05 桥梁设计策略
项目区位及现状开发情况 整体桥梁策划的必要性	设计关键要素 前瞻性和趋势 项目战略	参考规划 上位规划及相关设计解读 总结	边界条件 人行桥结构建议 市政景观桥结构选型建议 新型公交系统与桥梁关系 河道可通行船只分析	南沙区域特征 横沥岛尖场地特征 现状桥梁情况 桥梁群整体定位 桥梁群设计原则 桥梁群整体主题 桥梁设计分析 桥梁设计策略 景观桥梁总体策划建议总结

06 案例研究	07 项目重难点	08 建设时序	09 推进模式分析	
新加坡河 清溪川	项目重难点	基本原则 主要考虑因素 建设时序汇总	思路一 思路二 桥梁重要性与紧迫性关系梳理 差别化推进模式 差别化推进模式建议汇总	

图 3.2-5 《南沙横沥岛尖跨河涌景观桥梁群设计策划》目录
图片来源：奥雅纳

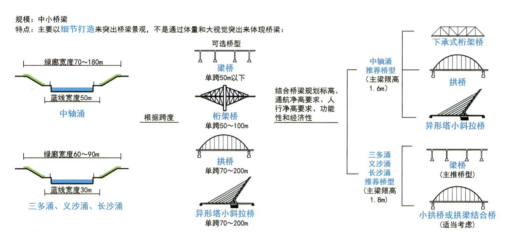

图 3.2-6 横沥岛尖桥梁群可选桥型分析
图片来源：奥雅纳

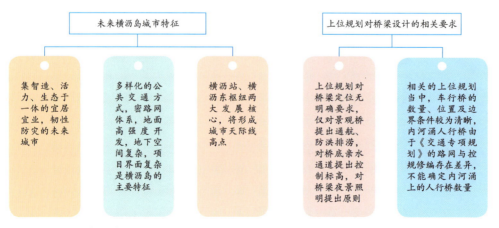

图 3.2-7 全方位解读

现状桥梁情况

凤凰大道

- 凤凰大道高架跨蕉门水道、上横沥水道、下横沥水道分别设有3座市政桥梁，采用拱桥、斜拉桥形式，是河道上的标志性建筑物，具有较好的景观效果。
- 夜景照明大量采用彩色光和动态光，存在优化提升空间。
- 凤凰大道跨中轴涌节点处仍为高架桥的形式，目前的设计没有对该段的景观效果作特别处理。

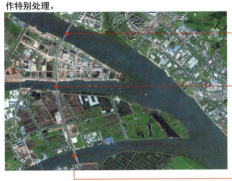

凤凰一桥

凤凰二桥

凤凰三桥

现状桥梁情况

灵山岛尖已建市政景观桥、桥闸合建桥、人行桥。

主要存在问题：
- 桥下空间慢行体验不佳。
- 以满足基本交通功能为主，桥梁景观与滨水景观的融合有待提升。
- 桥梁未进行夜景照明设计。

① 桥闸合建桥人视界面效果与周边景观设计未协调。
② 桥下慢行体验存在优化空间。
③ 桥下空间局促，舒适度不佳。
④ 步行桥仅与亲水平台连接，未与人行道连接。
② 桥梁缺少夜景照明设计。

图 3.2-8 周边现状桥梁情况解读

图片来源：凤凰二桥、三桥的图片图源 e 南沙，刘伟摄影，网站描述为版权归南沙区新闻中心所有，需要业主确认版权问题；其余照片为奥雅纳自摄综合对场地的人文与地理区域特征和周边现状桥梁情况的分析，提出"依托蓝绿纽带，融入城市空间，丰富用户体验，链接城市生活"的桥梁群整体定位，秉持体验、在地、弹性的桥梁群整体设计原则（图3.2-9），塑造简洁、在地、弹性和具有人本精神的南沙横沥岛尖桥梁群。

为全面和恰当地对横沥岛尖桥梁群整体造型（图3.2-10）进行把控，奥雅纳提出三个层面的策略：宏观塑造群体形象（图3.2-11）、中观强化节点形象（图3.2-12）、微观对近人尺度细部进行刻画（图3.2-13）。三个层次分级别、有重点地针对性塑造：群体塑造序列形象，节点强化形成标志空间，近人尺度刻画强化使用体验和趣味性。

明确桥梁群主次序列和分区设计主题、策略（图3.2-14）是宏观层面的群体形象塑造。主要从横沥岛尖上位规划、区域功能、使用者、视线、城市天际线、慢行网络连接方式等多个方面进行成体系的分析策划。其核心思想是把握塑造区域的主次和桥梁与城市空间的关系。

桥梁与城市空间的关系考量包含了多个维度。包括桥梁造型与城市开放空间尺度匹配、与城市天际线协调、桥梁景观重要性上与所处空间景观重要程度匹配、造型突出程度与其在空间内的定位和标志性程度匹配，并与使用人群规模、活跃程度关联等。在此把控原则之下，以曲线表达全岛桥梁的重要性变化，可转化形成图上的如音乐律动的各河涌序列（图3.2-15）。

桥梁群整体设计原则为"用户体验""在地""弹性"，根据所在区位的不同特性，各有侧重。

图 3.2-9　桥梁群整体设计原则
图片来源：奥雅纳

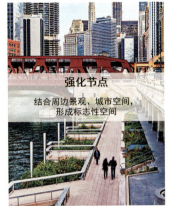

图 3.2-10　桥梁群整体造型策略
图片来源：Getty Images

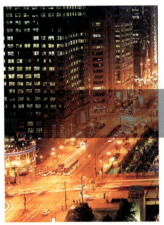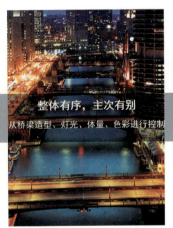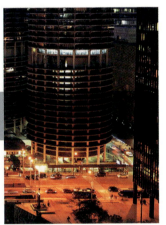

图 3.2-11　群体形象塑造策略
图片来源：Getty Images

图 3.2-12　节点设计策略
图片来源：左一为 Getty Images，其余 2 张图为奥雅纳

图 3.2-13　细部设计策略
图片来源：左一、右一均为奥雅纳，左二图为 Getty Images

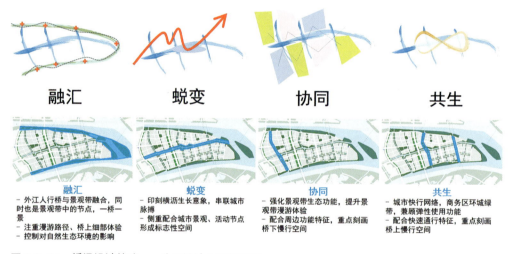

图 3.2-14　桥梁设计策略——分区设计主题与策略
图片来源：奥雅纳

　　塑造区域的主次区分，则与片区规划、区域功能组团、定位协调匹配。

　　中轴涌作为重点打造区域，配合周边地块从生活到商务的变化，桥梁、滨水景观带、滨水建筑群共同构成横沥岛尖形象空间序列（图 3.2-16）。因此设计上给予中轴涌桥梁群更多设计弹性，主要控制桥梁群的起伏节奏而不过多限制主题，为设计单位提供充分发挥创意的空间（图 3.2-17）。

　　三多涌、义沙涌、长沙涌三条纵向河涌为次要打造区域，更多地考虑其统一性，避免过度设计或过于张扬的造型削弱中轴涌的标志性，因此对主题元素、形象特征赋予较为明确的约束。

根据周边用地性质和特性进行细分并汲取南沙人文自然元素，形成易

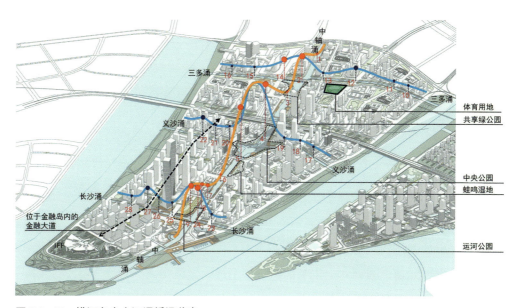

图 3.2-15　横沥岛尖内河涌桥梁节奏
图片来源：奥雅纳，横沥岛尖整体模型底图导出自华建城市设计模型"明珠湾整体模型 .skp"

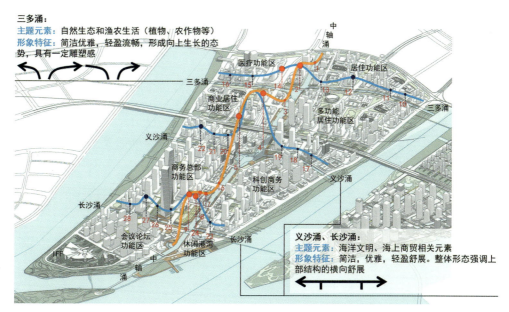

图 3.2-16　三多涌、义沙涌、长沙涌桥梁主题元素及形象特征
图片来源：奥雅纳，横沥岛尖整体模型底图导出自华建城市设计模型"明珠湾整体模型 .skp"

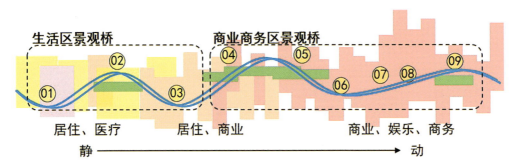

图 3.2-17 中轴涌沿水系方向滨水空间形态
图片来源：奥雅纳

于后续设计单位开展创作的主题元素，提出三条纵向河涌的桥梁形象及主题元素要求（图 3.2-17）：

• 三多涌为居住休闲水岸，主题元素选取陆地文明、自然生态、渔农生活的植物性元素，强调向上生长的态势，形成一定雕塑感。

• 义沙涌、长沙涌考虑邻近发展核心和商务区，作为一个类型进行考虑，主题元素选取海洋文明、海上商贸元素，造型更强调上部结构的水平舒展。

由于横沥岛尖人行桥的分布尚未有正式发布的相关规划文件进行明确，布点存在不确定性，结合桥梁体量、建设时序和城市形象打造综合考虑，横沥岛尖内河涌桥梁更适合由车行桥形成标志性，人行桥作为协调配合。

对于中观层面的节点强化和塑造，则结合人群的聚集程度和活跃程度、城市空间尺度和景观要素的丰富程度等与使用者体验密切关联的要素，考虑其分布和适合的塑造方式：

• 河涌交汇处形成中轴涌标志性节点（同时也是全岛内河涌桥梁的标志性节点），以双子桥、子母桥的方式，组团式打造（02+14、04+05、09+24 号桥）。

• 邻近重点 / 特色区域则形成各次要景观节点。

• 为了衬托标志性 / 重点桥梁的标志性，标志性 / 重点桥梁周边的桥梁适当弱化。

图 3.2-18　桥梁景观重要性分组
图片来源：奥雅纳

　　回归至平面图示表达，形成如图 3.2-18 所示的桥梁景观重要性分组。同时结合前述各类分析，提出分河涌、分主次的差异化的桥梁设计规划建议，包括各类桥梁的整体设计策略、桥梁造型侧重点、设计建议等内容。

　　对于桥下空间设计、景观照明、色彩控制、新技术运用、生态设计等的专项内容则是在《南沙横沥岛尖跨河涌景观桥梁群设计策划》中明确其发展方向，具体设计要求的控制，在下一阶段的《南沙横沥岛尖跨河涌景观桥梁群设计指引》中进行细化。

3.3 面向实施的《南沙横沥岛尖跨河涌景观桥梁群设计指引》

《南沙横沥岛尖跨河涌景观桥梁群设计策划》已为横沥岛尖桥梁形象趋势和设计策略搭建了大框架，如何才能更直接地指导设计，使策划中的愿景落地？如何才能为后续的日常咨询工作提供评判依据和准则？

我们的解决方案：

根据策划阶段的分析研究，识别关键问题及关键系统，进行控制性研究，形成刚性、弹性设计要求。

3.3.1　目标导向的工作模式

《南沙横沥岛尖跨河涌景观桥梁群设计指引》的主要目标是对桥梁关键系统提出可量化、可执行的刚性、弹性管控文件，为《南沙横沥岛尖跨河涌景观桥梁群设计策划》(图3.3-1)的成果落地提供明确的引导。它是《南沙横沥岛尖跨河涌景观桥梁群设计策划》的延续和细化，是面向实施的设计指引文件，注重延续性、系统性，并强调落地执行（图3.3-2、图3.3-3）：

延续性：延续桥梁策划对桥梁群与城市空间关系的把控。

系统性：明确各关键系统的具体设计要求时，同样考虑桥梁系统与城市空间的关系，强调系统性。

强调落地执行：为确保《南沙横沥岛尖跨河涌景观桥梁群设计策划》成果的落地，形成面向实施的刚性、弹性设计要求。

与此同时，水务景观版块对全岛景观设计同样开展了与《南沙横沥岛尖跨河涌景观桥梁群设计策划》相似的景观统筹工作，桥梁群的相关工作内容需要与之协调。

在过往的桥梁设计实践中，桥梁的细节设计、工程与美学的融合、使用体验、景观性尚有较多的提升空间，因此《南沙横沥岛尖跨河涌景观桥梁群设计指引》特别重视细节的控制、桥梁与城市空间的融合、桥梁灯光体系的设计等内容。

具体设计要求类别的确定，结合策划阶段的设计关键要素、横沥岛尖高品质精细化建设目标，多维度进行思考，主要从建筑、景观角度，对影响桥梁景观效果的关键系统分类提出设计要求。

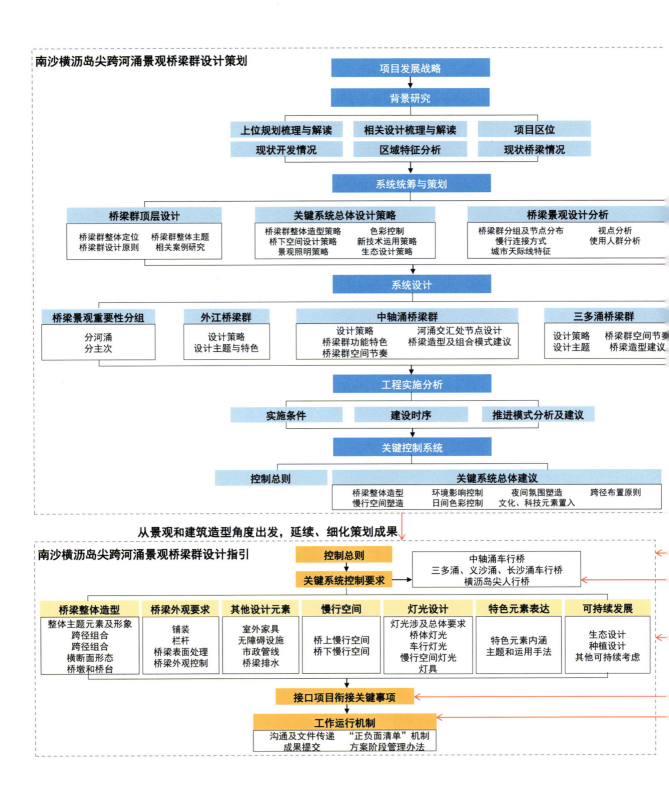

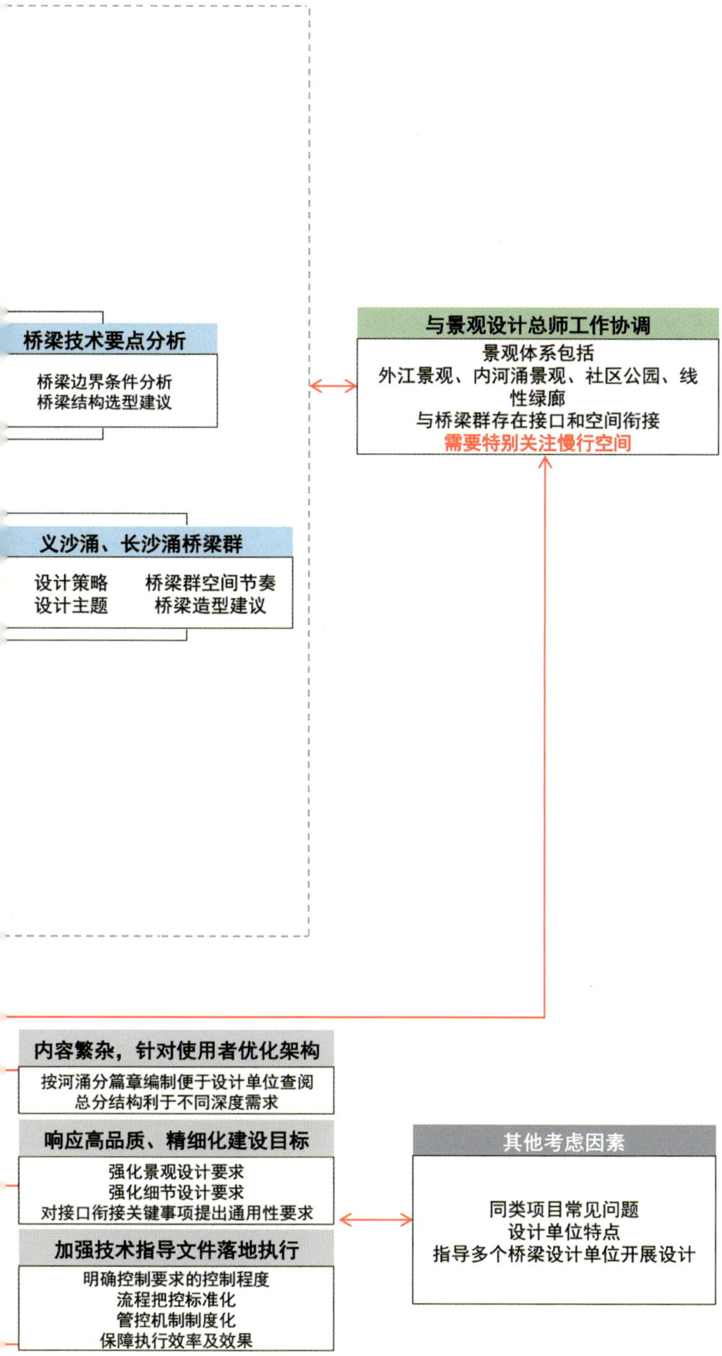

3 桥梁景观总师制度

桥梁技术要点分析
- 桥梁边界条件分析
- 桥梁结构选型建议

与景观设计总师工作协调
景观体系包括
外江景观、内河涌景观、社区公园、线性绿廊
与桥梁群存在接口和空间衔接
需要特别关注慢行空间

义沙涌、长沙涌桥梁群
| 设计策略 | 桥梁群空间节奏 |
| 设计主题 | 桥梁造型建议 |

内容繁杂,针对使用者优化架构
- 按河涌分篇章编制便于设计单位查阅
- 总分结构利于不同深度需求

响应高品质、精细化建设目标
- 强化景观设计要求
- 强化细节设计要求
- 对接口衔接关键事项提出通用性要求

加强技术指导文件落地执行
- 明确控制要求的控制程度
- 流程把控标准化
- 管控机制制度化
- 保障执行效率及效果

其他考虑因素
同类项目常见问题
设计单位特点
指导多个桥梁设计单位开展设计

图 3.3-1 技术路线
图片来源:奥雅纳

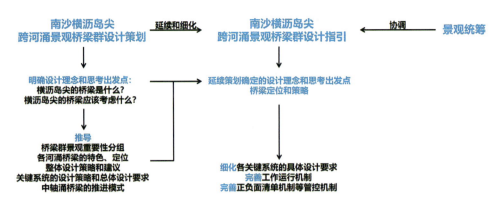

图 3.3-2 《南沙横沥岛尖跨河涌景观桥梁群设计指引》与其他工作内容的关系及作用
图片来源：奥雅纳

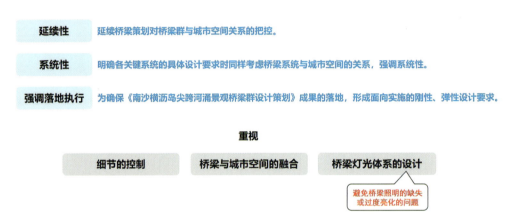

图 3.3-3 《南沙横沥岛尖跨河涌景观桥梁群设计指引》特点
图片来源：奥雅纳

3.3.2 面向读者的成果构建

《南沙横沥岛尖跨河涌景观桥梁群设计指引》将面向多种读者，易读性是编排的要点之一。

代入潜在使用者的角色，我们有如下的思考：

▶▶ 业主：桥梁群体和个体的整体景观形象是什么样的？不同河涌之间是什么关系？控制哪些内容？整体的关系和大方向要求是什么？希望项目顺利推进，有好的设计品质。

咨询单位：桥梁整体和个体有什么要求？控制程度是什么？设计单位的设计是否满足这些要求？设计单位的方案群体形象与要求是否吻合？希望设计单位按时按质提交节点成果，且成果不出现大的偏差。

中轴涌桥梁设计单位：在同一河涌上有多个桥梁的设计。中轴涌的桥梁群有什么要求？对桥梁个体有什么要求？和周边环境、城市的融合有什么要求？不希望方案出现颠覆，造成大量返工……

三多涌、义沙涌、长沙涌桥梁设计单位：

• 设计单位A：需要设计不同河涌上的桥梁。不同河涌上的桥梁都有什么要求？桥梁群体什么样？我要设计的桥和同一河涌其他的桥是什么关系？和周边环境、城市的融合有什么要求？希望方案方向没有偏离方向……

• 设计单位B：在同一条河涌上做几座桥。这条河上的桥梁有什么要求？我要设计的桥和旁边的桥什么关系？和周边环境、城市的融合有什么要求？希望不出现方案的反复……

景观设计单位：桥梁的设计要求对我的景观带设计有什么影响？有什么衔接要求？对人行桥有什么要求？……

结合在桥梁策划阶段确定的桥梁推进模式及上述潜在读者可能的特征（图3.3-4），延续桥梁策划设计价值观，多维度思考，结合分类要求、刚性与弹性要求，形成其成果架构（图3.3-5）。通过桥梁的分篇章描述，各桥梁章节形成章节概述、设计策略、设计要求的统一框架，使读者从总则了解《南沙横沥岛尖跨河涌景观桥梁群设计指引》的总体情况、要求和使用方案之后，从章节概述了解章节内容，从设计策略了解单体设计大方向，从设计要求总论了解总体要求和思考出发点，然后进入各项设计要求的具体控制当中。

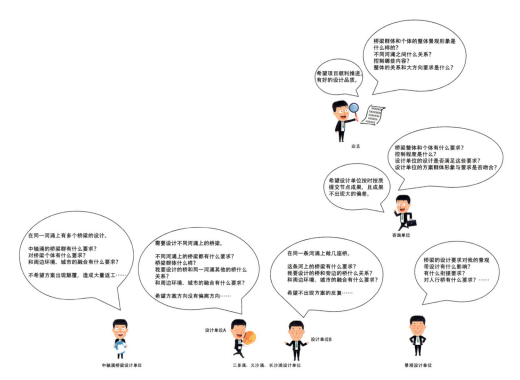

图 3.3-4　不同使用者的多样化需求
图片来源：奥雅纳

在思考逻辑上（图 3.3-6），通过整体思考，提出子项的各项要求，再将总体要求、分子项的设计要求，分类别分别描述（以中轴涌车行桥章节目录为例）（图 3.3-7），并最后在附录部分形成类似速查表形式的表格和图示汇总，便于读者更为直观和深刻地理解桥梁的设计要求。

在后续的读者使用当中，设计单位宜根据章节条目进行：首先阅读总则，对项目形成整体印象；然后根据桥梁所处河涌，查阅到相应的章，通读章节概述、设计策略；最后根据内容定位至相应的控制要求。同时还可利用附录的设计要求汇总表的相关图表，总览全岛桥梁群的设计要求并进行速查。

对于业主、景观设计单位，则主要通过阅读总则、各章节概述、设计策略、附录的设计要求汇总表的图表，快速对项目形成整体印象并了解单体设计大方向。如有进一步了解具体设计要求的需求，再按需查阅具体内容，并与相关桥梁设计单位进行沟通协调。

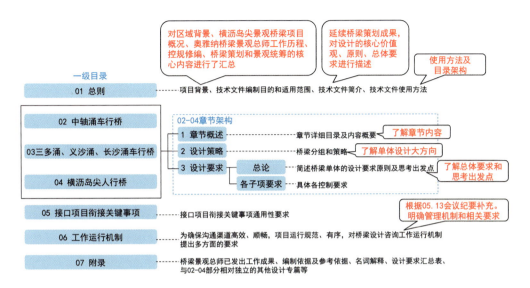

图 3.3-5　《南沙横沥岛尖跨河涌景观桥梁群设计指引》成果架构
图片来源：奥雅纳

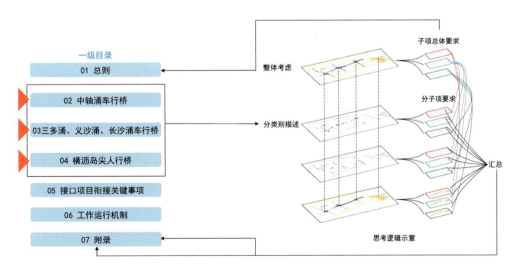

图 3.3-6　《南沙横沥岛尖跨河涌景观桥梁群设计指引》思考逻辑
图片来源：奥雅纳

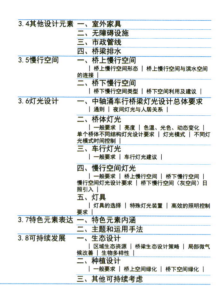

图 3.3-7 《南沙横沥岛尖跨河涌景观桥梁群设计指引》中轴涌车行桥章节目录
图片来源：奥雅纳

3.3.3 设计策略与整体造型的总结与延续

在《南沙横沥岛尖跨河涌景观桥梁群设计指引》中，延续《南沙横沥岛尖跨河涌景观桥梁群设计策划》成果，首先对各河涌的设计策略和桥梁整体造型要求进行了总结，以便后续展开各细项的具体设计要求。

1. 中轴涌桥梁群

根据《南沙横沥岛尖跨河涌景观桥梁群设计策划》，中轴涌是重点塑造区域，其桥梁群穿越横沥岛尖医疗居住、商务办公、会议论坛等各个版块，桥梁形象主要结合中轴涌整体节奏进行考虑，对具体主题未进行限定（图 3.3-8）。

河涌交汇处为标志性桥梁，形成 02+14、04+05、09+24 三组成组设计的桥梁，设计当中需要连同桥梁所处的河涌交汇处节点空间效果进行整体思考，并与邻近人行桥统筹考虑（图 3.3-9）。

02 中轴涌车行桥
3. 设计要求
3.2 桥梁整体造型

一、整体主题元素及形象

■ **总体要求：**

1）中轴涌桥梁应与周边区域的城市功能和城市风貌协调。
2）桥梁的整体形象应符合桥梁策划对桥梁景观重要性定位、分组、桥梁形象及总体策略要求。
3）中轴涌上的桥梁群，应符合桥梁策划提出的"蜕变"主题，映射横沥岛生长意象。
4）桥梁单体，不限定具体的桥梁造型主题元素，但应与中轴涌景观设计的分段主题呼应和协调，突出结构美，避免过多装饰性构件。
5）02+14号桥、04+05号桥、09+24号桥所处的河涌交汇处节点空间效果应与邻近人行桥统筹考虑。

■ **整体形象要求**

根据桥梁分组，对不同类别的桥梁提出相应整体形象要求。

1）中轴涌标志性桥梁

图例：
要求项 ☆
弹性项 可选☆ 建议☆ 推荐☆
禁止项 ×
无该项内容 -

桥梁等级	标志性桥梁					
桥梁编号	02	14	04	05	09	24
桥梁编组	02+14		04+05		09+24	
组合模式	2座桥以相同/相似的造型构成一组形象。 - 强调水平延展，通透轻盈。	☆		-		☆
	2座桥相互呼应 - 适当强调雕塑感，形成景观节点中层背景。 - 结合整体空间尺度和区域景观，利用桥梁结构形式，适当强调纵向标志性，如悬索拱桥、异形塔小斜拉桥等。	-		☆		-
其他要求	立体交往空间 - 整体造型与地下空间下沉广场、滨水景观统筹考虑，形成，使桥上、地面、地下慢行空间形成互动，交通流线有机联系。	☆☆☆		☆☆☆		☆☆☆
备注	立体交往空间图示详见"3.2桥梁整体造型 一、整体主题元素及形象要求 中轴涌次重点桥梁"部分					

横沥岛尖整体模型底图导出自华建城市设计模型"明珠湾整体模型.skp"

图3.3-8 中轴涌桥梁整体主题元素及形象总体要求和中轴涌标志性桥梁整体形象要求
图片来源：奥雅纳

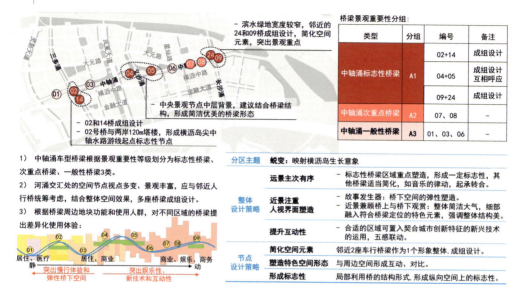

图 3.3-9 中轴涌车行桥设计策略
图片来源：奥雅纳

02+14号桥、09+24号桥这两组桥梁两侧均存在超高层建筑，考虑节点空间的比例尺度和舒适性，均强调相同或相似的造型构成一组意象，强调水平延展的特性；造型的竖向高度需要与周边城市空间尺度、天际线相匹配，避免过分强调纵向标志性。特别是09+24号桥邻近全岛的制高点600m超高层所在的区域，因此周边的桥梁需要避免纵向上的争抢。

04+05号桥位于城市的重点公园当中，同时是内河涌桥梁标志性最强的一组桥梁。这一组桥梁应当结合整体空间尺度和区域景观，利用桥梁结构形式，适当强调纵向标志性。

对于次重点桥梁（图3.3-10）和一般性桥梁（图3.3-11），造型则是适当简化，均需要控制桥上建构筑物的高度。对于与地下空间下沉广场相邻的桥梁，整体造型还应结合地下空间下沉广场、滨水景观统筹考虑，使桥上、地面、地下慢行空间形成互动，交通流线有机联系。

2）中轴涌次重点桥梁

桥梁等级		次重点桥梁	
桥梁编号		07	08
形象要求	桥梁造型应适当简化，控制桥面以上的构筑物高度。	✔	✔
	邻近滨水商业区的次景观节点，通过强调夜景照明和互动装置设计，加以区分。	☆☆☆	☆☆☆
其他要求	**立体交往空间** — 整体造型与地下空间下沉广场、滨水景观统筹考虑，形成，使桥上、地面、地下慢行空间形成互动，交通流线有机联系。	☆☆☆	-

要求项：✔　禁止项：×　弹性项：可选☆　建议☆☆　推荐☆☆☆　无该项内容：-

07号桥与地下空间存在接口

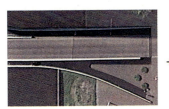 +

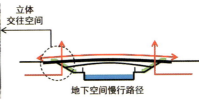

立体交往空间示意：地上地下互动，如桥梁设置步道、电梯与下沉广场、滨水景观带无缝衔接。

图 3.3-10　中轴涌次重点桥梁整体形象要求
图片来源：奥雅纳

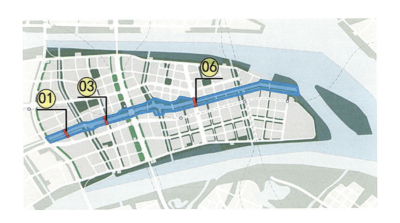

桥梁等级		一般性桥梁		
桥梁编号		01	03	06
形象要求	桥梁造型适当简化，采用平桥	✔	✔	✔

要求项：✔　禁止项：×　弹性项：可选☆　建议☆☆　推荐☆☆☆　无该项内容：-

图 3.3-11　中轴涌一般性桥梁整体形象要求
图片来源：奥雅纳

2. 支涌桥梁

根据《南沙横沥岛尖跨河涌景观桥梁群设计策划》，三多涌、义沙涌、长沙涌为次要塑造区域，因此结合河涌所处区域特性，对各河涌桥梁群的主体元素和形象特征进行较为具体的限定。

1）三多涌桥梁

三多涌桥群的分区主题为"协同"，结合桥型特点和桥位周边环境，协同桥梁空间与城市景观、滨河区功能空间和开放空间，提升滨河景观带整体漫游体验。

配合周边浓厚的居住、医疗氛围，三多涌桥群的整体主题元素灵感从横沥岛的乡土生活中汲取，采用自然生态和农渔生活相关的植物性元素（图 3.3-12），把自然与艺术融入桥梁。

桥梁群整体造型强调向上生长的态势，简洁，优雅，轻盈流畅，形成一定雕塑感，应突出结构美，避免过多装饰性构件（图 3.3-13）。

图 3.3-12　设计元素的提取
图片来源：奥雅纳制作，左侧两张照片来自 Getty Images

图 3.3-13　提取形态特征，采用曲线/面或以圆角相接的直线/面，构成向上生长态势
图片来源：奥雅纳制作，左侧两张照片来自 Getty Images

除市政道路功能性照明外，桥上不应出现高耸的附属设施建（构）筑物。在桥下空间的部分，保持视线通透，重视人行体验。临近中轴涌交汇标志性桥梁（02+14号桥）的13、15号桥造型上相对弱化，以突出02+14号桥的标志性；对于临近体育用地的三多涌重点桥梁12号桥则可根据设计调整慢行空间，如采用人行道局部扩大、植栽设计形成小节点等方式（图3.3-14）。

2）义沙涌、长沙涌桥梁

考虑义沙涌、长沙涌均邻近发展核心和商务区，因此两条河涌采用了相同的设计主题——"共生"，将结合城市快行网络和商务区环城绿带的设计，强化景观带生态功能并兼顾弹性使用功能，体现桥梁空间和城市生活城市的共生。

呼应义沙涌、长沙涌两岸的商务商业氛围，选取海洋文明相关元素作为整体主题元素，义沙涌侧重选取海洋文明的自然元素，长沙涌则侧重选取海洋文明的人文元素（图3.3-15）。重点突出桥梁上部结构的横向舒展，应突出结构美，避免过多装饰性构件，整体造型应体现简洁、优雅和轻盈舒展。侧重桥上细节的刻画，桥下空间以留白为主，视线尽可能通透，提升步行体验。

图3.3-14 三多涌车行桥设计策略
图片来源：奥雅纳

图 3.3-15 义沙涌、长沙涌设计元素
图片来源：奥雅纳制作，左侧两张照片来自 Getty Images

　　位于金融大道的义沙涌 22 号桥、长沙涌 27 号桥为重点桥梁，考虑道路自身的线性空间与河涌景观的开阔已形成天然的空间形态差异，在《南沙横沥岛尖跨河涌景观桥梁群设计指引》中，考虑应强化桥上空间开阔视线与金融大道线性景观空间的对比并兼顾道路景观的延续性，使之与一般性桥梁桥差异化处理。重点桥梁的慢行空间可根据设计进行调整，如人行道局部扩大、植栽设计形成小节点等。

　　义沙涌与中轴涌交汇处、长沙涌与中轴涌交汇处为标志性桥梁群组 04+05 号桥、09+24 号桥，为突出 04+05、09+24 号桥的标志性地位，与之相邻的长沙涌、义沙涌桥梁（19、20、23、25 号桥）造型相对弱化。

　　在平面上，可以进一步采用不同的方式，如慢行线位变化、局部扩大、高差变化等使重点桥的桥上慢行空间与一般性桥梁形成差异。由于更侧重于强调桥上空间的疏朗通透，侧重桥上空间的细部刻画，因此义沙涌、长沙涌重点桥的跨径组合未作推荐性建议，仅要求根据整体造型设计进行选择且不多于 3 跨，并同时满足桥梁整体造型中的其他要求（图 3.3-16）。

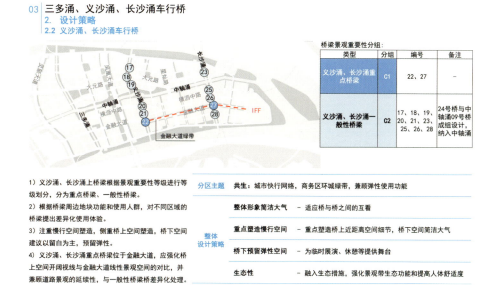

图 3.3-16 义沙涌、长沙涌车行桥设计策略
图片来源：奥雅纳

3.3.4 设计要求的分类、分级把控

为了更为清晰地界定不同设计要求的把控程度，《南沙横沥岛尖跨河涌景观桥梁群设计指引》对设计要求的描述统一了图例和用词（图 3.3-17），形成了要求项、弹性项、禁止项三大类别。其中弹性项结合所提的设计要求具体情况，划分了可选、建议、推荐、不建议 4 种不同控制程度图例和用词，给予设计单位设计弹性，并表明奥雅纳对不同选择的倾向性意见。

同时由于各子项之间存在关联，设立关联项提示不同控制内容之间的联动关系。

不同河涌的设计要求如何把控？

对于不同的河涌，延续策划成果，根据桥梁所处河涌、桥梁的景观重要性，对不同类型的桥梁进行了差异化的控制。总体而言，景观重要性越高，设计弹性和自由度就越高，景观重要性越低，约束程度越高。

因此，中轴涌更侧重于预留设计自由度，给予弹性；三多涌、义沙涌、长沙涌三个纵向河涌上的车行桥，更强调控制整体造型设计不过分突出，

二. 用词说明及图例

控制要求以图示、文字说明结合的方式，明确各子项控制要求。

根据控制程度的差异分为要求项、弹性项和禁止项；子项之间存在联动关系项目，在文字说明中，关联项以交叉引用的方式进行内容引述；图表中，以关联项的形式进行说明。

名词解释详见07 附录。

■ 文字描述中，用词说明如下：
1）表示很严格，非这样做不可的：
   正面词采用"必须"、"须"，反面词采用"严禁"；
2）表示严格，在正常情况下均应这样做的：
   正面词采用"应"，反面词采用"不应"或"不得"；
3）表示允许稍有选择，在条件许可时首先应这样做的：
   采用"推荐"、"建议"，"建议"的推荐程度低于"推荐"；反面词采用"不建议"
4）表示有选择，根据整体设计可以这样做的：
   采用"可"。

■ 图表中，相应的类别、控制程度及图例，如下表所示：

类别	图例	控制程度
要求项	✓	符合条件或可实施则须按要求设置。
弹性项		可根据整体设计进行选择。指引中提出的方式有1种或多种，选项存在推荐程度差异。
	☆	可选，无推荐倾向性
	☆☆	建议
	☆☆☆	推荐
	不建议	不建议，禁止程度弱于禁止项，弹性项中的反面词
禁止项	✗	不应选择的方式
关联项		与技术文件的其他子项控制内容存在联动关系的项目。

备注："-"表示无该项内容

图 3.3-17　用词说明及图例
图片来源：奥雅纳

重点桥适当与一般性桥梁区别，控制强度则会更高。

具体的设计要求，根据适用范围，可大致分为通用型设计要求和根据桥梁景观重要性、差异化要求的设计要求控制项。通用型设计要求当中，又可进一步分为面向所有桥梁的统一要求和对同一要素可能呈现多种设计类型、分类形成的统一要求。根据设计要求的不同特征，采用了不同的方式进行分析研究。

1. 根据桥梁景观重要性，差异化要求的设计要求控制项

以中轴涌人行道铺装设计风格要求（图 3.3-18）为例，铺装的设计风格可以归纳为两种类型：

1）沿用周边人行道铺装或仅进行小幅变化。

2）结合桥梁整体设计，形成这座桥特有的特色铺装，与周边人行道铺装差异较大。

根据桥梁景观重要性，对于中轴涌标志性和次重点桥梁，给予铺装样式的设计弹性，两种类型均可选择，同时为了强化重要桥梁与其他桥梁的差异性，弹性项中的建议具有倾向性，相对而言标志性桥梁比次重点桥梁更推荐选用特色铺装。对于一般性的桥梁，铺装设计风格要求则是沿用或小幅改变周边人行道铺装。

三多涌、义沙涌、长沙涌车行桥人行道铺装设计风格要求（图 3.3-19），

桥梁等级		标志性桥梁	次重点桥梁	一般性桥梁	备注
铺装设计风格要求	特色铺装	☆☆☆	☆☆	×	
	沿用或小幅度变化周边人行道铺装	☆	☆	✔	

要求项:✔　禁止项:×　弹性项:可选☆　建议☆☆　推荐☆☆☆　无该项内容:-

图 3.3-18　中轴涌车行桥人行道铺装设计风格要求
图片来源：奥雅纳

桥梁等级		三多涌桥梁		义沙涌、长沙涌桥梁	
		重点桥梁	一般性桥梁	重点桥梁	一般性桥梁
桥梁编号		12	10、11、13、15、16	22、27	7、18、19、20、21、23、25、26、28
铺装设计风格要求	特色铺装	☆	×	☆	×
	沿用或小幅度变化周边人行道铺装	☆☆	✔	☆☆	✔

要求项:✔　禁止项:×　弹性项:可选☆　建议☆☆　推荐☆☆☆　无该项内容:-

图 3.3-19　三多涌、义沙涌、长沙涌车行桥人行道铺装设计风格要求
图片来源：奥雅纳

采用相似逻辑进行控制，并与桥梁景观重要性分组相匹配。全岛车行桥人行道铺装设计风格要求整合形成"一张图"（图 3.3-20），加入附录的图示当中，以便快速查阅。

2. 通用型设计要求

面向所有桥梁的统一要求。对于各桥梁的设计要求相同，为了便于设计人员做具体桥梁时查阅，在不同河涌车行桥的篇章中重复出现。对于同一要素可能呈现多种设计类型，需要分类形成统一要求的部分，根据内容的特征采用了不同的分析研究方式。

一类是通过流程图的方式分类分析不同的情况，总结并配合正反面图示加以说明（如桥梁栏杆与周边地块的衔接，图 3.3-21），另一类则是涉及空间，需要通过简单建模进行分析，确定划分标准，继而分类提出要求（如桥下空间的空间类型划分，图 3.3-22）。

图 3.3-20 横沥岛尖车行桥桥梁人行道铺装设计风格要求
图片来源：奥雅纳

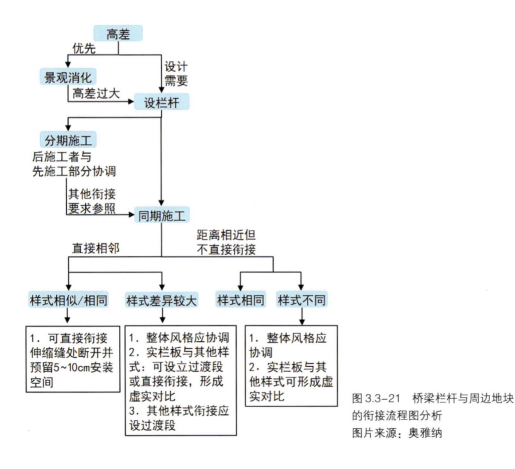

图 3.3-21 桥梁栏杆与周边地块的衔接流程图分析
图片来源：奥雅纳

主要考虑因素：
空间尺度、环境品质、使用舒适度

划分原则：
1）驻留型空间的空间尺度应舒适宜人
2）桥下空间类型的分布应为后续景观设计预留弹性

驻留型空间
可能产生多样化的活动

通过型空间
快速通过或短暂停留

| 桥下空间三维示意 | 桥下空间类型分布情况 | 空间类型比例 |

  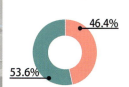

桥梁宽度：24m

  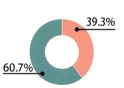

桥梁宽度：30m

  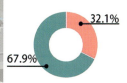

桥梁宽度：36m

划分标准	驻留型空间		通过型空间	
	数量	占比	数量	占比
24m道路红线宽度	13	46.4%	15	53.6%
30m道路红线宽度	11	39.3%	17	60.7%
36m道路红线宽度	9	32.1%	19	67.9%

图 3.3-22　桥下空间的空间类型划分标准分析
图片来源：奥雅纳

3.3.5 子项的体系设计

除了前述的对各子项的分类控制，在编制《南沙横沥岛尖跨河涌景观桥梁群设计指引》时，针对不同子项特点，还进行了子项的体系设计。以下以桥梁灯光体系设计为例进行详述。

桥梁群的设计不仅需要关注日间的造型外观和群体节奏，还需要关注夜间形象的塑造。夜间光环境的塑造对创造良好的夜间人居环境起到至关重要的作用。因此在横沥岛尖桥梁景观总师工作中，桥梁灯光体系可归纳为3个步骤的工作：

- 《南沙横沥岛尖跨河涌景观桥梁群设计策划》阶段建立策略框架。
- 《南沙横沥岛尖跨河涌景观桥梁群设计指引》明确详细的系统性的要求。
- 方案阶段的日常咨询过程，推动设计单位灯光设计与桥梁主体设计同步推进，以保证设计的和谐及落地的可行性。

因此，承接《南沙横沥岛尖跨河涌景观桥梁群设计策划》中的方向性把控，在《南沙横沥岛尖跨河涌景观桥梁群设计指引》中，进一步对桥梁灯光体系进行细化，作为后续设计工作和咨询工作开展的依据。

1. 核心价值观

由于灯光设计工作处于建筑方案设计工作流程末端，既往对于其设计成果的期许仅局限在创造特殊节庆夜间亮点的锦上添花作用，在思考设计指引时，也常将其作为一个独立的版块而缺失其与整体设计方向的呼应。而本次南沙横沥岛尖的桥梁设计中，不是将灯光设计内容作为新城开发中末端设计的独立分支，而是将其理解为对整体城市氛围、环境、文化元素、人居体验在夜间的映射。

针对不同的地域特色，不同的项目情况，灯光设计的核心价值观出发点会有所不同。在为《南沙横沥岛尖跨河涌景观桥梁群设计指引》进行策划时，从一个新的角度出发，即统筹规划旨在创造舒适的人居环境。在此基础上，结合当地自然、人文的特色元素，上位规划的区域定位，并综合本项目实际存在的规划、设计、管理中的难点，以解决问题为方向制定了以下四个核心价值观：

- 安全的灯光

基本的道路灯光要求；日光及智能照明对灰空间的改善；环境光亮度保证可识别人脸以降低犯罪发生率。

- 指引的灯光

以照明手法指示通行方向，同时亦可提供额外的安全照明或创造标志性的桥梁形象。

- 标志性的灯光

打造城市的名片，营造独特的记忆点。

- 有趣的（中轴涌）/特色的（其他河涌）的灯光

重要河涌和其他河涌定位区别；重要河涌增加互动体验。

2. 价值观先导的《南沙横沥岛尖跨河涌景观桥梁群设计指引》阶段

基于多个维度对指引文件的制定进行思考：从对桥梁与整体城市开放空间的层级定位匹配度进行控制，结合指引的价值观、人居环境品质及生态自然的保护进行考量，形成以下核心架构及思路流程（图3.3-23）。

针对不同的项目，基本信息与价值观的定位会随项目的特色及其侧重点有所区分，但基本信息的内容及其提取出的标准因素基本不会变化。因此项目灯光把控的重点应放在价值观的制定及思考上，并利用指定的价值观对基本信息指定的标准因素进行复核，保证价值观在整体桥梁灯光设计中的渗透，以打造出有特色的、与时俱进的桥梁灯光体系。

举例说明，如图3.3-24所示，横沥岛尖可归类为高端配套服务组团、科技产业组团及国际金融岛组团。基于基本信息，位于高端配套服务组团的桥梁适合高品质、舒适、适宜人居、安全的灯光，位于科技与金融组团的桥梁适合高端、特色、有趣、标志性的灯光。在这样的区域定位机制下，色温及亮度氛围（平均亮度）可相应得到标准定位，即适宜人居的灯光偏暖、平均亮度较低，适合科技和商业的灯光则反之。然而不同的价值观定位则会对以上定位起到不同的影响。本项目将人居环境的品质及对自然生态的保护列入价值观的考虑范畴。在此情况下，针对科技与金融组团的桥梁灯光就增加了更多的限制，包括影响生物的光源的应用限制及灯光照射

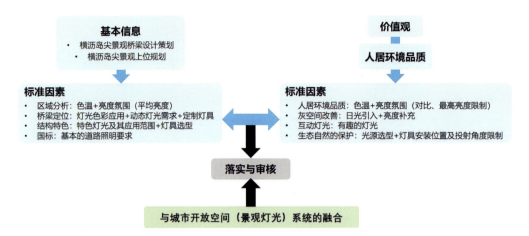

图 3.3-23　核心架构及思路流程
图片来源：奥雅纳

图 3.3-24　横沥岛尖组团分布
图片来源：明珠湾管理局《明珠湾起步区横沥岛尖地区总师启动会》（2020年9月1日）第22页

方向的限制。这样相应的对传统的景观水下灯、绚丽的投影灯眩光等问题进行了控制，鼓励新的灯光手段的同时，延续价值观并创造了更有品质的景观夜环境。

3. 新理念——横沥岛尖桥梁灯光与城市整体开放空间的融合

横沥岛尖桥梁灯光的设计要求并未局限在桥梁本身。

位于"一河三纵"河涌上的桥梁与城市整体开放空间密不可分，所有桥梁的桥下慢行空间都是城市整体开放空间慢行道路网的一部分，所有人行桥的桥上慢行空间，车行桥的桥上景观休憩空间也是城市整体开放空间中有机的一部分。因此，为将设计要求的价值观贯穿始终，保持桥梁相关空间与城市整体开放空间的和谐，桥梁灯光的价值观也会一致地、相关地延续到城市整体开放空间的设计要求中。

为此，奥雅纳在《南沙横沥岛尖跨河涌景观桥梁群设计指引》与《广州南沙横沥岛尖景观设计反向性策划统筹研究》《广州南沙横沥岛尖绿地与滩涂用地全要素设计与实施导则——景观关键系统控制性研究》中统一了核心价值观，保证对桥梁与景观关键系统延续一致、相关的设计要求；在对横沥岛尖的顾问与审核方案过程中，也会在不同阶段复核相关空间的设计是否能有机融合在一起，避免不同阶段由于设计变更或其他可能出现的问题导致设计出现冗杂、繁复或漏项的问题。

4. 指引文件详述

桥梁灯光设计主要包括桥体灯光、车行灯光、慢行灯光、灯具四大部分的要求，为满足舒适、安全、便捷、优质的人居环境的需求，提出了四个设计思考要素以提高桥梁夜间灯光品质，作为后续灯光要求的基础。

安全的灯光、指引性的灯光、标志性的灯光是各类河涌桥梁的共同设计思考要素。与之不同的设计思考要素是在不同的河涌上形成差异，考虑给中轴涌更多的自由度和互动性，提出"有趣的灯光"（图 3.3-25）；而人行桥、三多涌、义沙涌、长沙涌车行桥等其他桥梁提出"特色的灯光"（图 3.3-26）。

车行桥的车行灯光、桥上慢行灯光均受国标《城市道路照明设计标准》的约束，需要严格遵守，其中车行灯光还需要与相邻道路灯光保持一致。对于桥下慢行空间灯光，还需要结合桥下空间使用状态（通过型空间、驻留型空间）考虑。慢行灯光除了对色温、光色、动态照明提出具体要求之外，还考虑极端天气情况和桥下环境因素，提出需要考虑桥下慢行空间日间灯光系统，包括白天的自然光引入及带有感应装置的灯具补充照明。

对于桥体灯光，其设计相对多样化。在《南沙横沥岛尖跨河涌景观桥梁群设计指引》中，针对亮度、色温、光色、动态变化、灯光模式五个方面进行具体的要求，各项要求均根据桥体重点性定位及区域，综合考虑，

安全的灯光	指引性的灯光	标志性的灯光	有趣的灯光

- 安全的灯光
  - 舒适可辨别人脸的环境亮度降低犯罪发生率
  - 安全的车行/人行道路灯光保障行车/行人安全
  - 日间太阳光引入桥下灰空间
  - 智能照明保证桥下灰空间白天的安全照明
- 指引性的灯光
  - 指引通行方向
  - 指引性的灯光也能提供安全照明
  - 指引性的灯光设计得当也能创造标志性的桥梁形象
- 标志性的灯光
  - 标志性的桥梁灯光能成为城市名片
  - 标志性的桥梁灯光是由好的桥体、车行、人行灯光共同营造的具有记忆点的桥梁灯光
- 有趣的灯光
  - 有趣的灯光结合文化、艺术与人，产生互动，使人驻足，赋予记忆点
  - 可以是有趣的桥体灯光、人行道路灯光、桥底灯光、艺术装置等

图 3.3-25　中轴涌车行桥灯光设计思考要素
图片来源：奥雅纳制作，左侧两张照片来自 Getty Images，右侧两张照片来自奥雅纳

安全的灯光	指引性的灯光	标志性的灯光	特色的灯光
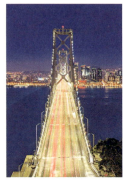			

- 安全的灯光
  - 舒适可辨别人脸的环境亮度降低犯罪发生率
  - 安全的车行/人行道路灯光保障车行/行人安全
  - 日间太阳光引入桥下灰空间
  - 智能照明保证桥下灰空间白天的安全照明
- 指引性的灯光
  - 指引通行方向
  - 指引性的灯光也能提供安全照明
  - 指引性的灯光设计得当也能创造标志性的桥梁形象
- 标志性的灯光
  - 标志性的桥梁灯光能成为城市名片
  - 标志性的桥梁灯光是由好的桥体、车行、人行灯光共同营造的具有记忆点的桥梁灯光
- 特色的灯光
  - 特色的灯光结合桥体形态特征、文化特点、展现桥体的特质
  - 特色灯光可展现在桥体灯光、人行道路灯光、桥底灯光

图 3.3-26　三多涌、义沙涌、长沙涌车行桥灯光设计思考要素
图片来源：左侧两张照片来自 Getty Images，右侧两张照片来自奥雅纳

3 桥梁景观总师制度

02 中轴涌车行桥
3. 设计要求
3.6 灯光设计

- **桥体灯光设计——亮度**

中轴涌桥体灯光应注意与环境亮度的融合。
04、05号桥位于中轴涌主要开放空间节点,其桥体灯光应从多视角考虑,应针对其周围主要观察视角,全方位考虑桥体夜间灯光效果及眩光控制。

标志性桥梁: 02+14 04+05 09+24   次重点桥梁: 07、08   一般性桥梁: 01、03、06

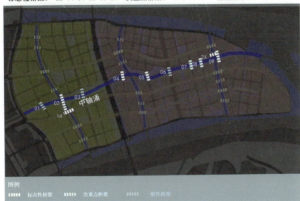

照明等级	平均亮度 /(cd/m²)	对比度	局部最高亮度 /(cd/m²)
标志性桥梁	15~25	≥1:10	≤100
次重点桥梁	15~20	≥1:10	≤80
一般性桥梁	10~15	≥1:5	≤40

局部最高亮度为亮度上限值,0cd/m²可以下限值。
桥体具体结构亮度及其层次划分参考之后针对重点为桥上结构、桥身、桥下结构的要求。
中轴涌桥体灯光应注意与环境亮度的融合,处于居住区周围的桥体,应考虑住宅区低亮度特点,相应降低亮度等级。
处于商务办公区的桥体,不应由于周围商业环境,形成亮度的恶性竞争。应注意,桥体的凸显,与桥体所在背景(水面、景观)及桥体本身不同结构之间的明暗对比相关。

图 3.3-27　中轴涌车行桥桥体灯光设计——亮度
图片来源:奥雅纳

提出相应要求,使全岛灯光形成体系。

以亮度为例(图 3.3-27),根据桥体重点性定位及区域,综合考虑其亮度要求。尤其是在居民区的标志性桥梁。为避免亮度的恶性竞争,提出局部最高亮度要求,建议设计时通过桥体本身不同结构之间的明暗对比形成视觉亮点。

同时,根据桥体重点性定位及区域对色温、光色、动态变化进行具体的要求。针对不同重点性质的桥梁,光色选择也有不同限制。

为保证桥梁一定的设计灵活性,满足不同的设计要求,针对单个桥体不同的结构,分桥上结构为重点、桥身结构为重点、桥下结构为重点三种类型,分别细化要求。对于不同河涌的桥梁,同时根据策划中确定的桥梁整体造型特征和景观重要性等级,在光色、动态、灯光效果上有所区别。

以中轴涌桥上结构为设计重点的桥梁为例(图 3.3-28),当桥上结构为设计重点时,亮度、光色、动态展示重点也在桥上结构。当桥梁形

02 | 中轴涌车行桥
3. 设计要求
3.6 灯光设计

- **桥体灯光设计——单个桥体不同结构灯光设计要求**

中轴涌桥梁设计中，所有标志性桥梁、次重点桥梁、一般性桥梁，当**桥上结构**为重点时。

照明等级	桥上结构	桥身	桥下结构
亮度 /(cd/m²)	高	中/低	中/低
光色	白光为主、局部彩光	白光为主	白光为主
动态	缓慢动态	静态	静态

最高亮度具体位置应根据桥体具体设计而定。

具体亮度范围参考桥体划分定位中的要求。（标志性桥梁、次重点桥梁、一般性桥梁具体要求）

当桥梁形态设计不局限于桥上结构为重点时，其他重点结构（桥身/桥下结构）亮度、光色、动态控制可依据桥上结构要求作为设计指导。

图 3.3-28　中轴涌车行桥桥体灯光设计——单个桥体不同结构灯光设计要求
图片来源：奥雅纳制作，照片来自 Getty Images

态不局限于桥上结构为重点，多个结构为重点时，可以通用桥上结构的限制要求。

除了前述针对亮度、色温、光色、动态变化四个方面进行具体的要求外，灯光设计还对桥体的灯光模式进行了要求。灯光模式是前面提到的所有灯光要求在时间维度下的限制，主要分为平日夜间、周末夜间、重大节庆、宵禁模式四个大时段。思路重点是满足重点节庆氛围的需求，并保证平日不破坏夜间人居灯光的舒适性。

以中轴涌为例，平日夜间模式，以安全舒适的灯光环境为主，中轴涌基本处于静态，仅标志性桥梁限时内缓慢白光动态。22：00 作为灯光模式节点，进入宵禁模式。

所有时段，在灯光结束动态后，均仅保留功能照明，进入宵禁模式至

图 3.3-29　桥梁群景观照明活跃程度
图片来源：奥雅纳

日出。宵禁模式均保留功能照明，维持基本的安全光环境。

在重大节庆时，则以 20：00-23：00 为主题性联动允许开启时间段，其余时间段的中轴涌灯光模式与平日夜间一致，既尽可能维护周围人居环境，又能让主题性联动产生惊喜感。主题性联动开启时，其余河涌的重点桥需要与中轴涌桥梁形成动态与光色的区域性联动。

将灯光模式要求抽象为曲线表现夜景照明的活跃程度（图 3.3-29），可以看到中轴涌桥梁、三个纵向河涌重点桥梁景观照明根据不同场景，采用不同的灯光模式，存在活跃程度（光色、动态）的差异。而三个纵向河涌一般性桥梁平日夜间和周末夜间均以静态白光为主，只有重大节庆模式下出现缓慢动态的灯光变化。变化趋势与整体桥梁造型的节奏（图 3.3-30）相匹配。

图 3.3-30 桥梁群节奏
图片来源：奥雅纳，横沥岛尖整体模型底图导出自华建城市设计模型"明珠湾整体模型 .skp"

结合本项目业主提出对施工精细度的高要求，灯光设计指引文件中同时还提出了符合指引文件中要求的具体照明手法和灯具选型参考。为避免限制设计的多样性，所提方案与灯具选型均以建议的形式提供，并给出不同材质不同条件下可行的方案建议以作参考。

>> 灯光不会独立存在，它需要承接的载体，这样的载体包含景观、建筑到与人的互动。夜景灯光策略也如此，利用成熟的技术手段，完善的规划体系，通过各专业的配合，映射出高品质的城市夜间氛围、环境、文化元素、人居体验。城市中舒适的夜间光环境容易被忽视，然而其重要性却是不容忽视的。南沙项目的夜景灯光策略，正是从核心价值观出发，为整体城市开放空间奠定了营造高品质人居环境的基调。

设计过程把控及管理制度　3.4

指引成果往往容易由于缺乏相应管理制度的管控而出现应用效能不佳的情况，据此明珠湾管理局梁睿中总工程师在 2020 年 5 月 13 日南沙横沥岛尖跨河涌景观桥梁群设计指引专题会上提出完善过程管理要求及制度的要求。

建立高效的工作运行机制和标准化管理制度，结合《南沙横沥岛尖跨河涌景观桥梁群设计策划》《南沙横沥岛尖跨河涌景观桥梁群设计指引》形成"技术管控＋管理机制"机制，使片区景观桥梁设计"有章可循，有章必循"，确保管理单位对桥梁群设计品质和设计进度的全面管控。

横沥岛尖桥梁群设计的设计过程把控及管理制度包括设计开展前的工作运行机制及管理制度的建立和宣贯、设计过程中的分级把控流程等内容。

3.4.1　工作运行机制及管理制度的建立

在横沥岛尖桥梁工程技术咨询工作中，咨询单位、明珠湾管理局、设计单位三者间存在大量的沟通、协调工作，完善相应的制度保障，方能确保后续设计和日常咨询的过程中沟通渠道的高效、顺畅，使项目运行规范、有序，保障相应要求落实到设计过程当中。因此工作运行机制应运而生（图3.4-1、图3.4-2）。

桥梁景观设计总师制度的工作运行机制包括沟通及文件传递、成果提交、正负面清单机制、方案阶段管理办法4个篇章，同时配套形成一系列的附表。四个篇章相辅相成，从不同方面规范项目的运行。

1. 沟通及文件传递（图3.4-3）

包括沟通联系表、沟通方式、信息、文件传递要求及路径、沟通反馈机制（图3.4-4）、会议机制5个部分。主要目的是事前明确沟通、文件传递的要求、路径和相关机制要求，确保项目沟通渠道准确、信息记录完整并具有可追溯性，提高各方的工作效率。例如电子文件的传递，须采用电子邮件发送，并及时通知各方；咨询单位进行日常咨询的过程当中，当设计单位提交的成果文件不满足成果提交要求时，咨询单位可将文件作退回处理，不进行审查（图3.4-5）；明确各方沟通反馈时间的时长要求和相应要求等。

2. 成果提交

再次强调了设计过程中各专业职责要求，各专业之间的设计协调需要贯穿项目始终，同时还需要注意接口衔接的要求和需求，最终要书面提交至接口项目和落实到图纸当中。方案阶段，所提的桥梁方案应该基于各专业的刚性要求和场地条件，以确保可实施性。成果提交要求的部分则是根据沟通反馈机制确立的基本工作流程，详细罗列设计单位各次成果的提交要求、内容和深度要求。

3. "正负面清单"机制

正负面清单机制（图3.4-6）是为快速对桥梁整体造型和技术内容形成初步印象，初步查看设计单位设计是否基本满足《南沙横沥岛尖跨河涌

3 桥梁景观总师制度

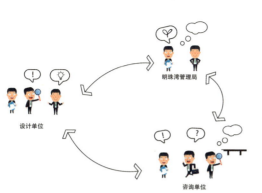

图 3.4-1 咨询单位、明珠湾管理局、设计单位三者关系
图片来源：奥雅纳

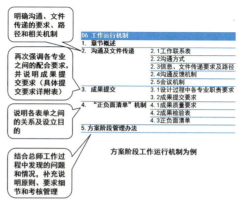

图 3.4-2 工作运行机制概述
图片来源：奥雅纳

工作运行机制——沟通及文件传递

2.1 沟通联系表	2.2 沟通方式	2.3 信息、文件传递要求及路径	2.4 沟通反馈机制	2.5 会议机制
• 汇总各团队联络信息，确保沟通渠道准确性 • 各单位设立项目邮箱，确保信息记录的完整性	• 沟通过程可追溯性 • 根据具体沟通事项有意识地选择适用的沟通方式	• 明确邮件标题、发送路径、信息传递、文件传递、设计文件基本信息表填写的具体要求	• 明确三方之间的沟通反馈机制及反馈时间，提高项目运行效率 • 对一般情况下的各阶段咨询流程形成流程图说明，以厘清交接关系	• 会前通知、会中沟通、会后记录的会议机制

图 3.4-3 沟通及文件传递概述
图片来源：奥雅纳

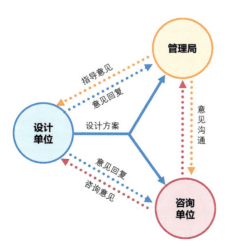

图 3.4-4 沟通反馈路线
图片来源：奥雅纳

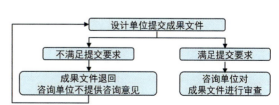

图 3.4-5 沟通反馈路线–成果提交、审查机制
图片来源：奥雅纳

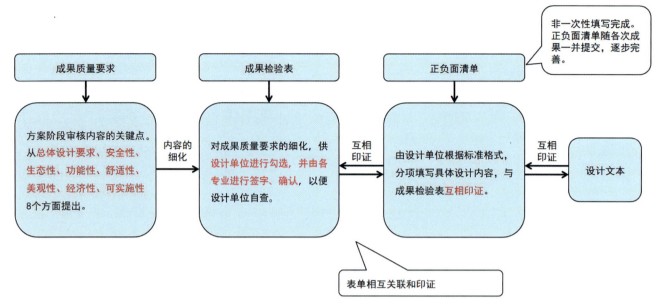

图 3.4-6　正负面清单机制
图片来源：奥雅纳

景观桥梁群设计指引》要求而设立。包含了成果质量要求、成果检验表、正负面清单3个表单，其中成果检验表和正负面清单由设计单位进行填写。

　　成果质量要求是方案阶段审核内容的关键点，结合目前咨询过程中发现的共性问题，策划和指引文件编制以及使用者认为需要重点关注的问题而提出。

　　成果检验表是成果质量要求的细化，供设计单位进行勾选，以便自查。同时，该表单要求项目负责人、建筑景观专业负责人、桥梁专业对表格签字确认，以确保所提的方案阶段成果经设计单位的内部确认，所提方案具有可实施性，设计过程可追溯。

　　"正负面清单"则需要设计单位根据标准表单格式，从建筑造型和工程设计两方面，分项填写具体设计内容。正负面清单的填写需要随设计的逐步深入，逐步填写完善，其内容与设计文本内容、成果检验表互相印证。从设计单位角度，设计单位通过正负面清单和成果检验表的填写，双向自查，可起到查漏补缺的作用。咨询单位、业主或其他的读者，则可通过"正负面清单"快速了解各桥梁的桥梁整体造型和技术内容。

4. 方案阶段管理办法

《方案阶段管理办法》是从行政管理角度，对前述工作运行机制内容的补充约束和说明。除了再次强调桥梁设计工作按照工作运行机制进行管理，要求设计单位按时、按质提交设计成果外，还补充定时更新最新的设计过程文件和方案设计进度计划表的相关要求，以备过程中查看设计进展情况，同时明确将设计单位成果及各项任务的提交情况，纳入业主的设计单位工作考核当中。

3.4.2 设计开展前的策划、指引成果及管理制度宣贯

若要使《南沙横沥岛尖跨河涌景观桥梁群设计策划》《南沙横沥岛尖跨河涌景观桥梁群设计指引》能更好地指导设计单位进行设计，并顺利推进设计进度，需要设计单位在开展设计前充分理解《南沙横沥岛尖跨河涌景观桥梁群设计策划》《南沙横沥岛尖跨河涌景观桥梁群设计指引》，并切实理解横沥岛尖项目的管理制度。

为此，针对《南沙横沥岛尖跨河涌景观桥梁群设计策划》《南沙横沥岛尖跨河涌景观桥梁群设计指引》，明珠湾管理局和奥雅纳一同组织会议向设计单位进行宣贯。

成果和管理制度宣贯是一个多次和双向互动的过程。

工作运行机制的切实落实和理解，可确保管理单位对桥梁群设计品质和设计进度的全面管控。为此，除了专门的宣贯会之外，还要求设计单位选取其中一座桥梁，进行"正负面清单""方案阶段进度计划表"的试填，通过实际填写和会议沟通，厘清相应表单的使用和填写方式。

对于《南沙横沥岛尖跨河涌景观桥梁群设计策划》《南沙横沥岛尖跨河涌景观桥梁群设计指引》的内容理解，其关键是使设计单位在深入理解策划和指引文件的设计价值观和设计理念的基础上理解各项设计要求。只有这样，方能以相似的思维理念推进项目设计，并形成高效的沟通交流。

因此设计价值观和设计理念的部分，除了在各项成果、咨询意见中反复说明之外，结合各次的桥梁景观总师研究成果汇报、宣贯会、会议沟通、

设计成果咨询，向各参建方进行多重宣贯。

奥雅纳的绿色基础设施理念、一体化设计思维和总师制度，也启发了各参建方从设计到管理上的重要转变，引起设计单位内部的流程变革。

3.4.3 分层把控、动态纠偏的日常咨询过程

《南沙横沥岛尖跨河涌景观桥梁群设计策划》《南沙横沥岛尖跨河涌景观桥梁群设计指引》的编制相当于在国家规范规定范围内，根据横沥岛尖的特性，增加划定了适合横沥岛尖桥梁形象的设计要求，引导后续桥梁设计的设计方向。

符合《南沙横沥岛尖跨河涌景观桥梁群设计策划》《南沙横沥岛尖跨河涌景观桥梁群设计指引》的桥梁设计是满足国家规范的桥梁设计的子集，即满足国家规范的桥梁不一定满足《南沙横沥岛尖跨河涌景观桥梁群设计策划》《南沙横沥岛尖跨河涌景观桥梁群设计指引》的设计要求。

因此在咨询过程中，为高效推动桥梁设计方案，在日常咨询中，对桥梁方案设计工作进行了拆解和分级把控，同时通过动态纠偏的方式（图3.4-7），确保方案的发展方向处于划定的指引范围之内。

桥梁方案设计工作，结合方案汇报会的进度，拆解为桥梁建筑主体方案设计、灯光设计及接口衔接两大部分进行把控。

1. 桥梁建筑主体方案把控

桥梁建筑主体方案把控的主要原则是在方案具有可实施性的前提下，分层把控、扎实推进。

以方案汇报会为界，分为方案汇报会前的方案设计阶段和方案汇报会后的设计完善阶段。方案汇报会前的部分（图3.4-8），又可细分为两个阶段，分别是第一阶段：确定主题和造型大方向；第二阶段：完善细节设计。咨询单位原则上根据上述分阶段目标，分两个阶段提供意见。

其目的是使设计单位所提方案在主题和造型大方向上与《南沙横沥岛尖跨河涌景观桥梁群设计策划》《南沙横沥岛尖跨河涌景观桥梁群设计指引》要求匹配并具有可实施性后，再继续对设计进行深化和完善，避免反复。

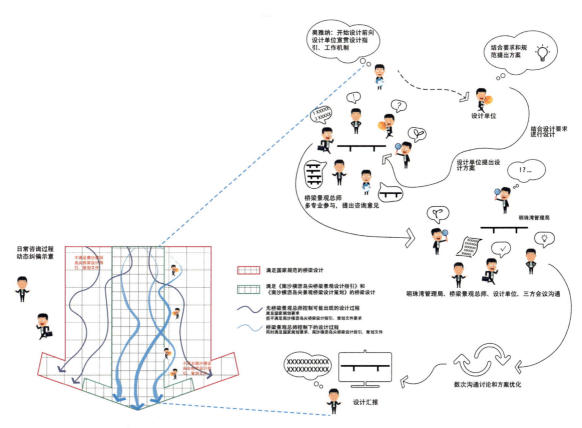

图 3.4-7 日常咨询过程的动态纠偏示意图
图片来源：奥雅纳

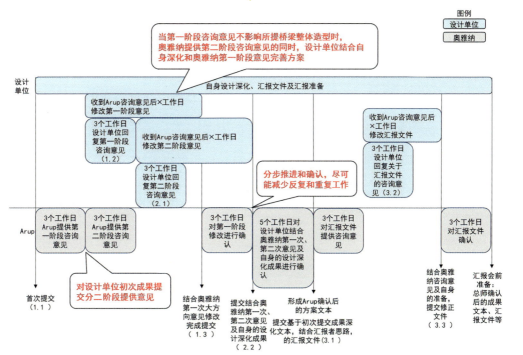

图 3.4-8 方案汇报前成果提交时间轴示意
图片来源：奥雅纳

为减少由于咨询意见理解的偏差导致的重复工作，在咨询过程当中，加强了咨询单位与设计单位的沟通联系。

当设计单位首次提交的方案在大方向、整体造型方向上与桥梁所在区域、周边桥梁和环境匹配，同时奥雅纳所提第一阶段咨询意见不影响所提桥梁整体造型时，设计单位可以在奥雅纳提供第二阶段咨询意见的同时，结合自身深化和奥雅纳第一阶段意见完善方案。因此咨询过程中，可能出现设计单位与咨询单位同步工作的可能性。

方案汇报会后的设计细节完善阶段，则是根据方案汇报会意见，对选定的方案进行进一步优化调整，以便最终达成桥梁建筑主体方案收口，进入初步设计和施工图阶段。

南沙横沥岛尖的规划、建设均处于动态变化当中，相关的接口条件、规划要求可能存在变化，在咨询过程当中，需要对可能出现的风险进行预判和预警，以避免出现方案颠覆和重大修改。同时在方案设计当中，还需要延伸考虑后续深化设计、施工、运营管理过程中的潜在需求和问题。

以武汉市政工程设计研究院有限责任公司三多涌15、16号桥为例：

在进行第一阶段主题和造型大方向咨询时，设计单位尚未完全理解《南沙横沥岛尖跨河涌景观桥梁群设计指引》要求，而出现了反复（图3.4-9～图3.4-11）。

作为三多涌的一般性桥梁，根据《南沙横沥岛尖跨河涌景观桥梁群设计指引》，主题元素为自然生态和渔农生活（植物、农作物等）；造型简洁优雅，轻盈流畅，形成向上生长的态势，具有一定雕塑感，突出结构美，避免过多装饰性构件。

设计初期，三多涌15、16号桥的方案造型主要存在以下问题：

1）强调横线舒展，向上生长态势较弱

2）造型过于突出和繁复，与三多涌桥梁定位不匹配

3）过多装饰性构件

通过过程中的多次紧密沟通交流，设计单位对《南沙横沥岛尖跨河涌景观桥梁群设计指引》的理解逐步完善，整体造型上选定了两组与《南沙横沥岛尖跨河涌景观桥梁群设计指引》匹配的方案方向后，设计单位继续

3 桥梁景观总师制度 | 105

第一轮方案成果

第二轮方案成果

图 3.4-9　三多涌 15、16 号桥两轮概念方案过程沟通成果
图片来源：武汉市政工程设计研究院有限责任公司《武汉市政-三多涌两座桥梁方案设计文本 0428 沟通过程稿》

对桥梁方案进行优化并完善设计细节。

经过多次的沟通调整（图 3.4-12），最终于 2020 年 6 月 8 日横沥岛尖三多涌两座景观桥设计方案专题会议上确定选用方案一进行深化。会后，设计单位结合会议要求，进一步对桥梁栏杆、材质等内容进行了优化和比选，并对桥梁的灯光设计进行了完善。桥梁景观总师对修改后的成果提供咨询意见和进行确认，最终满足方案收口要求后，开始推进初步设计、施

武汉市政院 15、16 号桥：

16. 15、16 号桥方案整体形态与义沙涌、长沙涌横向舒展较为相似，未表现三多涌向上生长的态势，需要进行调整，强化向上生长态势，如采用桥墩造型的向上延续（下图红框所示）、桥墩桥身一体化设计、变截面梁、优化桥墩和桥面交界处形态等方式；

17. 三多涌以周边的自然生态、渔农生活的植物、农作物作为主题元素，目前方案选用的意象未完全匹配，如 16 号桥方案二的贝壳方案，需进行调整；

18. 主题元素在桥梁上的运用，建议桥身保持简洁大方的形态，不应细碎繁琐和具象。

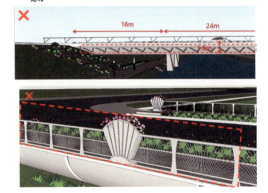

图 3.4-10　三多涌 15、16 号桥第一轮概念方案沟通过程稿咨询意见截图
图片来源：奥雅纳 "FN-R02-2020-058-20200409- 南沙横沥岛尖 02+14、03、06、15、16、21、22、26、27、28 号桥方案 – 咨询意见"

一、 **整体造型方案选择意见：**

桥位置	方案一	方案二	备注
#15	#15-1：	#15-2：（4月7日的）	其他方案不用再继续调整
#16	#16-1：	#16-2：	

图 3.4-11　三多涌 15、16 号桥第二轮概念方案沟通过程稿咨询意见截图
图片来源：截图引自奥雅纳 2020 年 4 月 16 日邮件回复

工图工作（图 3.4-13）。

2. 灯光设计及接口衔接控制

灯光设计、接口衔接等内容则是在方案汇报会选定方案后，结合具体桥梁设计进行深化，完成与相关项目的具体对接。其工作阶段与前述方案汇报会后的设计细节完善阶段存在交叉。

1）灯光设计

以灯光设计为例，为使桥梁设计一体化推进，桥梁景观总师推动设计

图 3.4-12　三多涌 15、16 号桥第二阶段咨询意见（细节设计意见或提醒意见）截图
图片来源：截图引自奥雅纳 2020 年 5 月 8 日邮件回复

图 3.4-13　三多涌 15、16 号桥效果图
图片来源：《武汉市政 - 三多涌两座桥梁方案设计文本 1023- 修改》第 106 页

图 3.4-14　三多涌 15、16 号桥优化调整前灯光设计效果展示
图片来源：《武汉市政 – 三多涌两座桥梁方案设计文本 0630– 修改》

单位灯光设计与桥梁主体设计的完善同步进行。

结合明珠湾管理局提出的施工精细度的高要求，为避免设计出现冗杂、繁复或漏项的问题，灯光设计的日常咨询主要从方案完整性、契合度、专业度三大方面把控，并整体划分为两个阶段进行控制：

第一阶段：提出初步的灯光方案，明确灯光层级、色温定位、桥梁灯光设计方向和意图；

第二阶段：对灯光方案进行深化完善，结合效果图、灯具图片及相关参数的说明、灯光设计重点、灯光手法、灯具选型、安装位置等，并通过计算复核与《南沙横沥岛尖跨河涌景观桥梁群设计指引》要求的匹配性，确保方案合理性，以便后续设计深化的推进。

仍然以三多涌 15、16 号桥为例。灯光设计经过多次沟通调整（图 3.4-14、

图 3.4-15 三多涌 15、16 号桥优化调整后灯光设计效果展示
图片来源：《武汉市政－三多涌两座桥梁方案设计文本 1023－ 修改》

图 3.4-15），过程中桥梁景观总师结合桥梁方案的自身特点和《南沙横沥岛尖跨河涌景观桥梁群设计指引》要求给出针对性咨询意见（图 3.4-16），设计单位及时回复并结合计算进行调整优化（图 3.4-17），最终与《南沙横沥岛尖跨河涌景观桥梁群设计指引》要求匹配，确保合理性。

2）接口衔接控制

接口衔接控制从时间维度上，同样可分为两个阶段。

（1）设计前的接口衔接项目衔接关键事项提醒

由于接口项目的复杂性，对不同类型的接口项目，提前梳理接口项目衔接关键事项（图 3.4-18），进行提醒。

（2）设计过程中持续把控和推进衔接

咨询过程中，特别是方案选定后，推动设计单位对潜在颠覆桥梁方

4.2 三多涌16号桥梁

4.2.12 灯光设计

3D模拟效果图

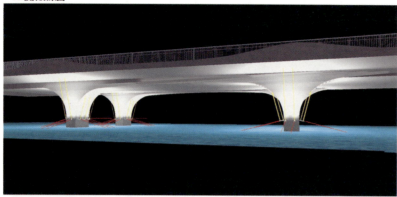

桥体亮度伪色图

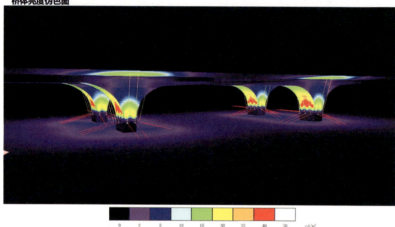

桥下慢行空间照度伪色图

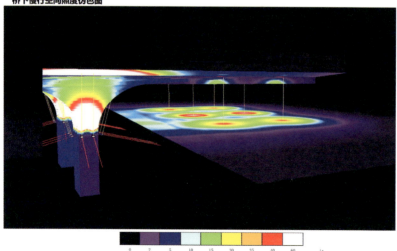

图 3.4-16　三多涌 16 号桥灯光设计相关计算截图
图片来源：《武汉市政 - 三多涌两座桥梁方案设计文本 1023- 修改》

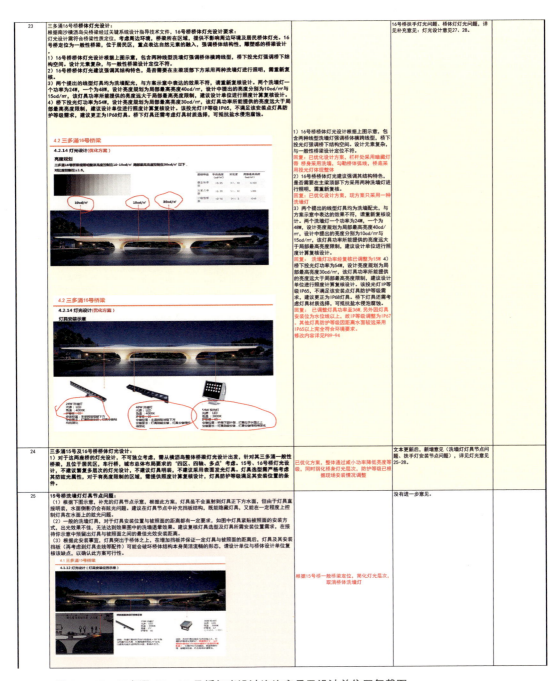

图 3.4-17 三多涌 15、16 号桥灯光设计咨询意见及设计单位回复截图

图片来源：奥雅纳"FN-R02-2020-096-2-20200812-南沙横沥岛尖-武汉市政工程设计研究院有限责任公司-三多涌 15、16 号桥桥梁方案设计-灯光设计优化的意见复核"

应梳理桥梁与接口项目的设计和工程分界原则及对接清单，主要接口类型的接口衔接关键事项如下表所示：

序号	接口类型	接口衔接注意事项
1	与地下空间接口	• 地下空间主体结构、围护结构与桥梁桩基、桩基承台、桥台等的空间关系应避免冲突，并应预留足够的保护距离及施工作业空间； • 地下空间出入地面设施顶标高是否与桥梁上部结构底冲突； • 地下空间先行建设，协调明确移交桥梁施工的地下空间完成面状态，作为桥梁设计及施工的边界条件； • 地下空间先行建设，了解地下空间施工顺序及施工措施，分析其对桥梁施工可能的影响，避免地下空间完成后，桥梁施工难度大； • 桥梁后施工时应考虑合理保护措施，避免对地下空间造成不利影响； • 应考虑桥梁、滨水景观、地下空间下沉广场的慢行空间一体化设计，形成立体交往空间
2	与轨道接口	• 横沥岛桥梁建设均早于轨道建设，接口衔接主要考虑如下： • 桥梁方案应预留远期轨道布设空间，并预留足够的保护及施工空间； • 如轨道盾构隧道在桥梁桩基周边穿过，应考虑桩基周边土体发生侧移的可能性（尤其是软土区），分析对桩基的影响，并结合影响情况采取必要的主动保护措施； • 对于轨道站点与桥位重叠或部分重叠的情况，应考虑桥梁采用永临结合的方式； • 桩基承台基坑如采用垂直开挖，需考虑围护结构对后续轨道施工的影响
3	与河涌的接口	• 桥下净空应满足河涌通航要求； • 桥墩/桥台位置应避免影响河涌过洪断面； • 桥梁桩基、桥墩、基坑围护结构与河涌驳岸的空间关系应避免冲突
4	与滨水景观接口	• 桥梁整体造型与河岸景观整体协调； • 桥梁慢行系统与滨水景观连接顺畅； • 桥下慢行通道净空满足相关要求； • 桥台锥坡及护坡形式与景观衔接协调； • 桥墩/桥台垂直绿化、桥下景观与滨水景观衔接协调； • 桥梁灯光与滨水景观灯光衔接协调
5	与两端道路接口	• 采取合理的软基处理方式，控制路桥结合处的沉降差在容许范围； • 结合路桥结合处的沉降预估情况，合理选择桥梁的接头形式； • 道路景观及铺装、与桥梁景观及铺装的协调统一； • 敷设于桥梁的管线与两端道路管线的种类、管径、标高等对接一致

图 3.4-18 接口项目衔接关键事项
图片来源：奥雅纳

案的接口问题逐一对接和落实，如桥墩进入河道，需要复核是否满足河道防洪排涝要求；桥墩造型较复杂，设计单位须提前与施工单位复核可实施性等。由于内河涌滨水景观带设计已启动，在桥梁造型基本稳定后，桥梁设计单位与景观单位就桥头、桥下空间等区域进行具体接口的对接协调。由于设计条件、接口项目进度处于动态变化中，部分接口项目衔接、部分可行性论证等内容无法同步在方案阶段进行闭合，则后续进行深化并加以落实。

3.BIM 交付设计

BIM 技术是桥梁工程设计技术发展过程中出现的新技术，其独特的三维可视化功能，可以为桥梁设计单位与建设单位、施工单位信息交付提供有效的渠道。因此，在设计过程中，桥梁设计人员可以依据工程具体要求，合理利用 BIM 技术进行三维设计，并结合校核检查数据，调整二维设计图纸，从而为桥梁后期施工顺利进行提供保障。

图 3.4-19 三多涌 15 号桥 BIM 模型
图片来源：武汉市政工程设计研究院有限责任公司

为高效地利用 BIM 技术，在横沥岛尖桥梁群设计当中，初期方案造型尚未稳定阶段，采取较为常规的三维建模方式（sketchup、Rhino 等）进行方案体量、造型的推敲。后期方案确定，进入方案深化阶段后，BIM 技术开始介入，以更好地推进桥梁的工程设计。

以南沙三多涌 15 号桥、16 号桥为例（图 3.4-19）。为保证 BIM 交付的精确性，桥梁上部结构采用 Civil3D 定制参数化部件，后通过获取桥梁中心线进行桥梁上部主体结构及路面铺装的设计。当桥梁理论中心线为曲线时，常规建模方式可能无法满足要求。可以采用 dynamo+Revit 的方式进行设计。桥梁下部结构亦可采用 Revit 的参数化进行建模。

桥梁作为建筑行业最重要的结构物之一，与民用建筑的建造有着不一样的特点，其传统设计任务主要集中在桥梁的平、立剖与钢筋绘图和分析计算。从表现形式来看，设计师通常用二维的图纸来表达三维结构形式，而缺乏结构的三维模型，容易出现结构表达不清，导致较多的施工失误和设计变更。同时，结构计算也主要从二维角度模拟分析，或者建立简化的分析模型，很难实现更加准确的分析和计算。因此，随着越来越多的交通项目发展，对工程质量的要求越来越高，桥梁设计中三维模型的建立及交付就显得非常重要。

桥梁景观总师制度的应用与成果展示 4

　　横沥岛尖"一横三纵"式的河涌规划结构共镶嵌了35座车行桥，其中7座为桥闸合建车行桥，其他28座为市政车行景观桥梁。总师单位结合桥梁上位指引，负责统一对接各设计单位的相关设计工作。各设计单位工作推进以河涌为工作界面，分别开展相关设计工作。通过多轮讨论后，结合《南沙新区横沥岛尖跨河涌桥梁策划专题会议纪要》（穗南明局〔2019〕27号，2019.12.04）对后续工作的要求，《南沙横沥岛尖跨河涌景观桥梁群设计指引》的编制和时序紧迫性需要，不断推进河涌桥梁设计工作。由上至下的工作思路为后续的项目深化起到良性、高效的指导作用，对今后类似桥梁设计工作的开展和推进具有较好的借鉴和指导意义。

中轴涌 —— 三篇九幕

三多涌 —— 原生

义沙涌 —— 海洋

长沙涌 —— 人文

横沥桥群
图片来源：奥雅纳制作，效果图来自中国建筑西南设计研究院有限公司、广州市市政工程设计研究总院有限公司、广东省建筑设计研究院有限公司、广东省交通规划设计研究院集团股份有限公司、武汉市政工程设计研究院有限责任公司

桥梁景观总师制度的应用与成果展示

4.1 总师制度的理解

总师制度的初衷是基于传统城市建设的升级，同时确保上位规划切实落地。在实际项目中，从总体规划、详细规划、城市设计、概念设计到初步设计、施工图等，项目的落地包含阶段较多，各个阶段往往不是由一个团队完成，即使是一个团队，实际参与项目的人员也往往由于各种原因，特别是涉及专业面广、设计人员较多的项目，很难确保项目的持续性和设计过程的统一性。而推进过程中，建设项目之间的专业接口问题则更加复杂，不同专业往往很难保证设计同步。在某些问题上的忽视和工作界面切分不清晰，当项目进行到中后期，就会带来繁重的对接、协商和专业之间的博弈现象。

在遇到较复杂项目类型，尤其是多单位、多部门、多专业协同工作的时候，为确保项目"一张蓝图绘到底"，需要大家紧密沟通，相互配合，完成一系列高效协作内容。某一家单位、某一个专业，很难单独应对一些复杂问题，较难保证项目的有序推进和对上位规划的精准落实。当我们专注于一个子项的不断深化，在各自的专业上不断深入研究的同时，更容易忽略项目的多体系、多部门之间的协同。上位规划、设计导则等指导性、纲要性文件等为实施而做的特定研究，对设计有着不可忽略的指导性作用。总师制度能够保证特定团队配合业主单位对设计单位在遵循上位指引的过程中，面对各类问题进行及时的应变和指导。

对应到本项目的多个桥梁设计也是如此。或者说，南沙横沥岛尖中轴涌、各支涌的桥梁设计，本身也是从属于横沥岛尖城市设计的一部分。以此推论，横沥岛尖的城市设计，何尝不是南沙新区城市建设、战略规划不可或缺的一环。为解决限制条件繁多的设计项目、复杂的建设背景，每一个设计师都要站在全域的立场进行设计。与我们传统的桥梁设计"就桥说桥"不同，横沥岛尖的众多桥梁，在设计之初就制定了既要保证完整统一性，又要突出桥梁特点，建成一处独具魅力的桥梁群范本。一个美好的愿景是桥梁建设品质不断提升的前提，如果每一个设计师都将自己的桥梁设计作为地标性城市IP，整体的节奏就会失控，城市面貌也不会呈现协调统一的秩序感。更重要的是，桥梁工程师如果简单地追求结构可行性，减少计算的工作难度，建筑工程师为挑战新的造型、新的结构，就会出现"各自为政"的矛盾，也无法保证概念设计所确定的方案具有可实施性。在方案阶段精细化把控造型的差异，和后期方案不断调整去适应现有的建设水平、造价标准的情况，是明显的概念方案设计与施工图设计"前后脱节"的常见问题。总师制度是一次创新又符合客观事物发展的有力实践，在城市建设中首先出现的总师制度，必然会逐渐应用于各个不同的复杂建设项目之中。总师团队的统一把控、循序渐进的推进，能让横沥岛尖复杂的桥梁项目群有条不紊地推进。

对于设计单位而言，在项目进行中与总师团队不断交流，各家设计单位对总师制度的重要性深有体会，对总师团队的工作成果非常认可，也在相关规则的制定下，更加严格、自觉地进行设计工作的推进。通过在项目推进过程中的不断摸索、研究和分析，认为总师团队的工作内容可分解为三个阶段：

第一个阶段是在设计单位介入的前期，在总师制度下开展相关项目的基础研究，和项目推进的计划表、工作制度等的编制。这一点令每一个桥梁设计师印象深刻。常规的设计前期，都要由设计师对上位规划的成果、场地现状等进行逻辑严密的分析，确保设计成果对上位规划和现状情况的认知统一，各河涌桥梁设计团队不会出现偏差。过程中涉及两个无法避免的问题：一是每一个河涌桥梁设计都会对上位规划、场地情况进行梳理；二是每个设计单位、每位设计师都会对项目的基础情况形成特定的认知。设计单位前期的重复工作，对整个综合性项目来说，往往是一个巨大的浪费，而每个子项目的个体对上位规划和周边情况认知的偏差，也会在最后造成项目总体的无序和混乱。总师团队从项目总体把控的立场出发，在前期统一对横沥岛尖桥梁进行初步分析，有总有分，统一把控同时又有细致的标准制定，为后续的项目推进节省了大量时间和精力，保证每座桥梁的设计团队对项目的背景有一致的认识，进一步确保项目的统一性。

总师团队工作的第二个阶段，是在设计进行中，总师制度能够让设计工作高效推进，并协助各个专业、部门之间的沟通，能够最大程度地避免接口问题涉及的矛盾、冲突。桥梁设计主要的专业协调是与河涌水利部门、滨水景观设计团队的对接，另外还包括地下管廊、通道，城市交通，周边建筑群等不同层面的接口对接，最难也最耗费时间的就是不同专业、部门之间的无效沟通。同时，在项目推进中还涉及建设、施工时序的对接，不同设计项目开展工作的协调。例如，本次项目的滨水景观设计与桥梁群的设计分别由不同单位、不同专业进行，但对于城市建设而言，它们又是一个统一的整体，桥梁的造型能否适应滨水景观所营造的公共空间氛围，两者的建设边界如何划分，两个专业、两个部门的设计师如何有效沟通，当设计的矛盾点出现时如何处理、协调等问题，都直接影响着项目最终效果和城市建设的战略目标能否实现。

总师团队工作的最后阶段，也就是第三个阶段对于设计师同样重要。设计工作结束后，总师制度能够协助设计单位高效地将成果与后续单位进行对接，在后续工作遇到问题时，能主动成为业主、设计单位、后续相关建设单位沟通的桥梁。

在初步设计团队的工作收口之后，相关成果交由深化单位进行更加细致的研究和项目落地的相关工作。但一个桥梁的设计往往是不同专业、不同部门协同工作的成果。当后续深化单位对目前的成果有质疑或产生疑问时，则需要总师团队根据实际情况，联系相关部门、人员制定问题协调解决办法，也需要作为一个公平的"裁判"，去判定多个解决办法的利弊和可行性，提出专业的评判，替业主节约大量的时间，为项目的建设争取更多的建设周期。

4.2 中轴涌桥梁群设计

4.2.1 桥梁策划及指引研究报告的理解及应用方式

总师制度在项目进行初期就已经完成对项目的详细研究，并整理出一系列科学的研究成果，如《南沙横沥岛尖跨河涌景观桥梁群设计指引》《横沥岛市政道路元素品质化设计实施指引》《广州南沙横沥岛桥梁结构的耐久性设计专项研究》等。这些成果在很大程度上保证了各个桥梁设计的统一，也规避了常规设计中经常出现的问题。

项目位于粤港澳大湾区南沙新区十字核心，发展潜力巨大，辐射带动范围广阔，与港澳合作紧密，战略地位十分重要。而奥雅纳所负责设计的桥梁位于明珠湾核心起步区横沥岛尖中轴涌。中轴涌是横沥岛的发展主轴，串联全岛社区、科创、金融三大组团，以生态绿廊为主要功能定位，桥梁联动交通的同时也连接着生态。中轴涌的桥梁形态与城市设计紧密相关，对城市的发展有着重要的影响力。总师团队在一开始就对上位规划和周边地块进行分析，总结出横沥岛的基本特征：南沙新区"一城三区多点、一轴四带一网"中"一城"的重要组成部分、"一轴、两核心、八区"的规划空间结构、周边交通"窄马路、密路网"的道路系统设计理念及"一核、四廊、多节点"绿地系统规划。

在讨论会上，明珠湾管理局和奥雅纳很快达成一致，即中轴涌是横沥岛发展主轴，串联两大发展核心，以生态绿廊为主要功能定位，桥梁联动交通的同时也连接着生态；城市天际线高点位于横沥站、横沥东枢纽两大核心，纵向形成 M 形，桥梁形态与城市设计应一体化设计；沿中轴涌桥梁、周边景观与周边用地联动且紧密，连接的用地性质较多样，桥梁在满足基本功能的前提下，应结合周边用地及桥梁上位指引统筹考虑。细致区分横沥岛尖内河涌规划的 28 座桥梁，桥体所在位置工程实施涉及的桥梁、内河涌水务、内河涌景观等不同类型项目，局部位置还涉及地下空间。各类项目之间的界面切分是否合理，对桥梁协同建设是否顺畅及最终的景观状态有较大影响，总师团队对项目中可能遇到的问题进行梳理并提出解决办法，并将 28 座桥梁设计工作进行切分，结合桥群策划及链接功能区块的不同，将三条河涌上的桥梁分不同主题进行设计。三多涌桥梁群由于其连接医疗功能区与商业居住区，设计元素取自原生渔农生活，如红树林、蕉林等的特点，桥梁群重点展示原生景观。义沙涌桥梁群连接商业居住区与商务总部功能区，设计元素选择从海洋景观中提取，体现海洋生态、人与自然和谐氛围，桥梁群重点展示海洋景观。长沙涌桥梁群连接商务总部区与会议论坛区，形象展示设计元素提取自南沙人文环境，体现海上商贸氛围，桥梁群重点展示人文景观。

中轴涌桥梁群开展相关设计工作，展开多轮讨论，对总师团队提供的相关资料及研究成果进行梳理和分析。总师团队提到的对桥梁与城市、景观关系进行研究、针对横沥岛特殊的地理位置和当地气候对市政桥梁的限制和影响因素的总结，和设计单位一道在某些问题上快速达成统一结论。基于南沙新区的重要性与中轴涌对城市面貌的巨大影响，本次桥梁群设计抓住大湾区南沙新区发展契机，塑造"大湾区横沥岛尖的世界级城市地标"，打造"人城景业高度统一的世界级桥梁群范本"。

将中轴涌上 9 座市政桥，作为统一整体，聚合为展示横沥岛尖地域风情的桥梁博物馆。打破市政桥梁"就桥说桥、结构优先"的固有思维，以城市规划为前提，建筑、景观为主导，充分吸收在地文化底蕴，从功能定位和发展趋势出发，在满足基本功能的前提下，将中轴涌桥梁与周边景观、周边用地紧密联动，并有序分工合作，开展相应的设计。

桥梁的河涌交汇处的空间节点视点多变、景观丰富，立体交通将邻近人行桥统筹考虑，结合整体空间效果，多座桥梁成组设计。根据桥梁周边地块功能和使用人群，对不同区域的桥梁提出差异化使用体验。设计多角度的思考和研究，在总师团队的协助下，能够帮助设计团队很快做出产品定论。

总师团队制度帮助最大、最明显的就是在中轴涌桥梁群总体设计过程中，总师相关文件对总体设计的帮助。总体设计中，多个桥梁的分工合作在内部引起热切的讨论，每一个桥梁设计师都希望自己的作品能够令人印象深刻，都希望在设计过程中打破自身局限，尝试新的结构形式。如何平衡桥梁设计的侧重点？《南沙横沥岛尖跨河涌景观桥梁群设计指引》中就有详细的中轴涌桥梁群重要性区分。将中轴涌车行桥梁根据景观重要性等级划分为标志性桥梁、次重点桥梁、一般性桥梁三类，在河涌交汇处的空间节点视点多变，景观丰富，需要结合整体空间效果，必要情况下可将多个桥梁群进行成组设计。根据桥梁周边地块功能和使用人群，对不同区域的桥梁提出差异性使用体验等，在总体设计中提纲挈领，非常快速地协助建筑设计师及结构设计师达成统一意见。总体设计上延续上位规划中整体桥梁策划对中轴涌节奏控制并结合中轴涌的景观方案，02、04、05、09号桥标志性最强，01、03、06、07、08号桥造型适当简化，避免桥面上出现高耸建构筑物，形成整体空间起承转合的中轴桥梁群。

设计过程中深刻理解总师关于"蜕变"的总体思路，设计有针对性地将中轴涌桥梁群梳理成三章九幕，一章一情、一幕一景的主题构思，以海为幕演绎开篇潮起、中篇逐浪、收篇启航等不同的营城场景和故事。再结合城市总体规划对周边用地的区分，开篇01、02、03号桥周边用地以居住和医疗为主，需要延续健康生活分区主题；中篇04、05、06号桥周边用地以居住、商务商业为主，延续都市休闲主题；收篇07、08、09号桥周边以商务商业为主，延续都市活力主题。

开篇横沥潮起，横沥潮吟，海水微之有力，浪花托起贝壳，引出城市希望的开始。重点诠释居住和医疗区段的生活、康养场景，桥梁总体形态以简洁、柔和的线条为主，形成潮吟、拾贝和听风三组桥梁群场景。

中篇鸟飞鱼跃，海阔凭鱼跃，天高任鸟飞，在南沙广阔的天地里，可以自由地施展才能。重点诠释居住和商务区段的城市商务场景。这一区段也是中轴桥梁群的波峰和最精彩的节点，形成双鳍逐浪、白羽齐飞的桥梁群场景。

收篇扬帆起航。海上生明月，月下盛世欢。在南沙这片热土上扬帆启航，开始新时代下的海上丝绸之路。重点诠释商业和商务区段的商务休闲场景，桥梁总体形态以简洁、干净的线条为主，突出桥梁与水街及周边场地的互动，形成明月、盛世和启航3个桥梁群场景。

在设计中形成四大亮点：

亮点一：看得见的城市形象地标，是城市形态+合理定位+特色营造的多重契合。打破以往市政桥梁设计固有思维，将格局提升到城市建设发展的层面，定位提高到新时代下大湾区的世界级桥梁群范本。本次的横沥岛尖中轴涌桥梁群大幅提升整个横沥岛尖的城市景观风貌。市政桥梁，不仅仅是市政道路的功能性节点，设计依托城市建筑、滨水景观，打造充分展示当地风貌和城市建设的名片，是具有极高观赏品质的桥梁博物馆。

亮点二：激活两岸的新引擎。将交通复合＋夜间灯光＋文化展示进行多维复合，形成撬动城市发展的动力。中轴涌桥梁群在设计过程中，高度整合复杂的城市交通网络及滨水景观游憩流线，有机统一周边各层级交通体系。融合夜晚的灯光设计，兼顾城市夜间通行需求及中轴涌滨水景观夜游场景氛围。设计的每一个细节都展示着项目对标世界级的水准，必将激活大湾区南沙新区城市发展动力。

亮点三：忘不了的文化名片。将横沥岛尖的在地文化进行深入剖析、应用，在多个市政车型桥梁群上将南沙特色＋文化提取双重展示。注重对当地文化的深入理解与提炼，巧妙地让人在品味当地文化特色的同时，感受到世界级桥梁群同步展开的现代时尚与地域文化的融合。一桥一景，9座桥梁串联的中轴涌游览路径成为穿插于核心区的文化风景线。

亮点四：结构与造型的完美融合。建筑设计师与桥梁结构设计师结合总师团队提供的研究成果，进行多方协调、讨论下，最终将结构力学＋景观美学统一。桥梁设计充分展示结构力学与景观美学的完美融合，每一座桥梁在方案设计初期就与结构、水利、景观等专业紧密配合，最大限度保证项目的落地性与还原度，将符合结构受力的整体造型作为美的第一选择，尤其是05、07号桥，在地下空间的限制条件下，巧妙协调各个专业，与结构多次论证，成功设计出造型优美的桥梁作品。

对于桥梁设计师比较模糊的建设时序问题，总师团队也协助业主制定了统一的标准，即南沙横沥岛尖的各个车型市政桥梁，需要统一建设的时序，施工应遵循"先地下、后地上""先土建、后景观"的基本原则，并制定相关规范。具体来讲，即对于道路、桥梁投影范围内的软基处理、桥梁桩基及河涌驳岸桩基、施工桩基承台、桥墩、桥台、河涌驳岸挡土墙、桥梁上部结构、桥梁自身的管线、外观及装饰等、桥下河岸景观等建设内容的时序进行优先级的排序。这样的建设时序统一标准的制定，在后期便于各类项目的施工衔接，在处理接口问题，划分具体设计界面上也有十分重要的作用。在具体设计对接的过程中，以总师单位制定的相关要求作为分析和讨论的核心。令人印象深刻的是当桥梁设计影响到桥下滨水景观驳岸的设计内容时，双方不同专业、不同部门直接的接口协调和讨论很难进行。再次查阅总师团队制定的要求规范时，则发现工作界面切分的依据，"桥梁设计方案所示的桥墩及桩基均靠近内河涌驳岸，部分桥梁的桥墩与驳岸位置存在冲突。建议桥梁下方的驳岸挡墙及基础由桥梁设计单位负责，依据内河涌驳岸的总体设计要求，充分考虑施工便利性，对桥墩与驳岸做整体设计，河底铺砌仍由河涌设计单位负责。并应注意确保桥梁设计驳岸与两侧水务设计驳岸顺畅衔接。"基于该项规定，两方单位很快制定出解决办法，高效率地推进工作。

在深化不同等级桥梁设计构思时，总师制度对每一个桥梁设计师的工作起到了极大的帮助。在与总师单位进行沟通讨论中发现：桥梁设计突破传统的工程逻辑，从城市未来发展、整体形象、民众功能需求等多方面入手开展设计相关工作；中轴涌是横沥岛发展主轴，串联两大发展核心，以生态绿廊为主要功能定位，桥梁联动交通的同时也连接着生态；城市天际线高点位于横沥站、横沥东枢纽两大核心，纵向形成M形，桥梁形态与城市设计应一体化设计；沿中轴涌桥梁、周边景观与周边用地联动且紧密，连接的用地类型多样，桥梁在满足基本功能的前提下，应结合周边用地及桥梁上位指引统筹考虑，极大程度上保证了设计语言的进一步统一。

中轴涌上湾区重点性桥梁04-05号桥的设计，对设计单位及设计师是一个重大考验："起初接到桥梁设计的任务时，感觉压力很大。04-05号桥是中轴涌上占据地理优势最大的桥梁，两座市政桥围合滨水景观所塑造的湾区，建好了，能够成为真正的IP地标。但是如果设计与大众背道而驰，则会成为很大的遗憾。希望能够通过桥梁形态的展示来链接世界，形成看得见的城市形象地标和终极生活目的地。并通过多维复合的功能来融合城市，形成激活两岸的新引擎和新纽带。用特有的文化标示来串联生活，打造忘不了的南沙城市印象。"

在方案设计初期，针对总师团队提供的研究成果、相关规范，很快熟悉了设计的各种限制条件和突破点,同时利用中轴涌蓝线宽度50m、堤脚间净距40m等相关数据进行场地基础环境的建模工作。在梳理基础资料时也发现,总师团队甚至将市政管线6孔通信管、8孔照明排管、DE160燃气管、DN200再生水管、DN200给水管、12线10kV电缆排管等放置于桥梁两侧人行道部分钢板下空间等细节也做出了提前安排,为设计的推进带来极大便利。

04-05号桥在设计过程中对桥梁周边景观视线、功能、交通、风格等进行了深入剖析。由于涉及场地位于核心湾区,可观赏的节点较多,在设计中尤其注重视线互动和桥梁立面的优美别致,使之成为城市名片的标志性双子桥,并与总师团队多次沟通,力求打造风格简洁现代的整体桥梁造型;充分结合周边高端商办科技业态与两涌交汇的自然优势,以海洋精灵海豚为设计原型,用智慧与魅力围合中轴湾区,打造浪漫、科创的城市空间。在保证基本的功能需求外,更强调设计的IP标识性和场所精神的再塑造。最后设计的抽象海豚飞跃造型,可以看出两个极具张力的斜拉塔造型将中轴湾区的悦动精灵印象刻在每个人心中。同样,为了激发湾区的夜间活力,在总师团队的牵头下,我方与滨水景观设计单位进行了多次会议讨论,将04号桥加设3D投影水幕,打造唯美意境,05号桥夜晚的3D互动水幕则会给桥梁带来更多的人气与话题,从城市各个角度观赏都能有很好的景观效果和生活惊喜。

4.2.2 总师研究成果的设计再思考

总师研究成果在一定程度上节约了各个桥梁设计师对于项目设计要求、设计难点和统一规范的研究时间,方便他们快速进入设计角色。

总师项目把控制度强调严格遵守上位规划、时间计划表、成果检验表等的成果验收制度,可很好地保证在复杂设计背景下项目的有序推进。

总师在设计过程中的协助是设计单位的最大助力,总师能够以横沥岛尖全域角度对项目进行及时纠偏,与设计单位就更多的设计可能性进行探讨。当设计与上位规划及相关导则成果出现偏差时,总师制度能够有效确保整个项目的正确推进方向,避免出现无序的成果。另一方面,有别于工程建设的研究,设计是一个相对灵活的工作,总师制度搭起设计师与业主的沟通平台,高效完成相关沟通工作,让设计师将每一种可能性呈现出来,确保项目的集思广益,得到相对最优的解决办法。

在与总师团队的合作中,发现总师多频率地与设计师沟通,充分理解设计师的想法,并针对问题与设计师进行面对面的探讨非常重要,因为设计没有唯一性,在弹性空间范围内理解方可有更好的设计作品。倡导总师在协助解决接口问题处理时,能够成为交流、探讨的组织者,调动各单位、各部门配合协调的积极性。

4.2.3　中轴涌桥梁设计主题的设计构思与工作模式

我们希望通过中轴涌桥梁群为南沙新区横沥岛尖绘就一幅令人向往的世界级桥梁群画卷,通过桥梁展示结构与美学的统一,打造独具魅力的城市会客厅。

在每一座桥梁设计初期,总体制度对于相关设计问题、规范,甚至后期的各专业协同都已经研究得相当深入,可以最大程度减少设计师对城市形态、交通、气候及水文等多方面的研究所耗费的精力,将重点放在设计本身。

01号桥潮吟(图4.2-1),用简洁流畅的线条与城市空间、功能、形态高度融合,不抢场景不争俏。设计师在设计之初就关注如何打造高品质步行观感,贯通两岸动线,营造滨水空间,突出地域文化这些深层次问题。设计串联交通网络增强人行体验,采用艺术的流线动态延伸连接两岸,同时构建可观景、可休憩的活动空间,增加桥梁的驻足体验感受。在广场照明上,夜间结合照明功能设计,打造丰富的光影视觉效果。

02号桥拾贝(图4.2-2),为主节点桥梁,需具备一定的标志性,要与14号桥联动设计,适当强调雕塑感,突出桥梁结构美。慢行系统与周边步道连接,形成完善的慢行网络。与周边用地性质匹配,周边用地为医疗居住用地,以浅色调为主突出慢行体验和弹性桥下空间。优势是周边人

图 4.2-1　中轴涌 01 号桥潮吟效果图
图片来源：中国建筑西南设计研究院有限公司

图 4.2-2　中轴涌 02 号桥拾贝效果图
图片来源：中国建筑西南设计研究院有限公司

群丰富，可挖掘潜力大；视野开阔。劣势是部分绿地空间较少。周边建筑较高，空间较为闭合，桥梁不设置构筑遮挡空间，开敞通透，符合城市空间开合节奏变化。在桥梁处设置天际线低点，可与两岸120m高塔楼构成空间标志性节点。通过提取海贝形体线条，演变为桥梁形态，创造一座横向线条构成的流线型桥梁。设计思考如何增强步行观感，创造两岸便捷，接驳滨水生活，打造滨水界面。设计创建多维度步道，增强人行体验，串联周边慢行系统，连接两岸地块功能，同时构建可观景、可休憩的城市休闲空间，艺术手法勾勒出张力十足的形体线条。慢行系统人来人往，车行道上车水马龙，是中轴涌上看得见的城市公共艺术品。

03号桥听风（图4.2-3），"听风"优美的立面形态源于对低碳环保的挖掘。根据总师团队的规划层次定为一般性桥梁，功能为市政道路桥梁，定位为生活景观桥梁，需多元化考虑设计。设计突出慢行体验和弹性空间，满足上位策划要求。同时在远期上对接滨河空间景观设计，打造水岸健康生活段景观风貌。依据中轴涌天际线规划及桥梁序列规划，03号桥应尽量平缓，形成天际线低点，使中轴涌视线开阔，凸显相邻的02号、04号桥。桥梁在周边密集的建筑群中形成一个舒展开阔的空间，高宽比约1：1，引导周边视线汇聚，尺度亲人。市政道路与滨河步道串联，桥上空间与桥下空间串联，快行和慢行分离，吻合区域风貌节奏，创造向下的滨河亲水活动和多方位的自然感官体验。桥梁与滨河绿地的渗透，充分运用本土植物。

04+05号桥逐浪（图4.2-4），灵动的精灵，智慧与魅力并存，流畅的形态，魅力跃动的城心港湾。在保证基本的功能需求外，我们更强调设计的IP标识性和场所精神的再塑造。协调04+05号桥成为统一整体，重点思考如何配合中轴序列成为起伏高点，配合湾区围合城市空间，配合城市交通串联系统。坡道串联滨水步道与人行道，交通贯通，同时桥体结构成为雕塑装置，与科创金融城市区域风格协调，在城市休憩空间融入浪漫故事语汇。

06号桥（图4.2-5）以"齐飞"为主题，简练而富有张力的线条，满足"平"的空间形态，创造出结构美学力与美的完美共生。在功能方面，

图 4.2-3　中轴涌 03 号桥听风效果图
图片来源：中国建筑西南设计研究院有限公司

图 4.2-4　中轴涌 04+05 号桥逐浪效果图
图片来源：中国建筑西南设计研究院有限公司

4 桥梁景观总师制度的应用与成果展示 | 133

图 4.2-5 中轴涌 06 号桥齐飞效果图
图片来源：中国建筑西南设计研究院有限公司

主要关注如何创造低调有力的形象，与周边环境有趣互动，降低环境干扰的同时融入市民生活。设计有种植绿岛遮蔽道路宽阔感，创造园中人与路上人的互动，美学优先，注重结构的科学表达，创造平日与节假日的灯光互动体验。

07 号桥（图 4.2-6）以"明月"为主题，海洋蕴含生命的变化和流动。设计以海上明月为意象，从流动的海水与月牙形态中提取流动飘逸的曲线语言。强调水平方向的曲线美感，弱化桥墩，使桥梁犹如漂浮在水面的一弯月牙，寓意"明月初升·未来可期"。华灯初上，桥体犹如一湾明月缓缓升起，美化了城市，照亮了生活。设计关注如何打造节点形象并融入在地生活，突出结构美学的基础上在造型上回应周边环境。主题造型"海上明月"能够很好地体现结构上追求的流线肌理，在夜晚，还有智慧灯光设施，形成光影互动的美好场面。

08 号桥（图 4.2-7）以"盛世"为主题，窄窄的桥上有着大大的停留空间。人在桥上看风景，桥亦风景，人亦风景。通过提取海螺形态，演变为桥梁

图 4.2-6　中轴涌 07 号桥明月效果图
图片来源：中国建筑西南设计研究院有限公司

形态，桥体挑出形成停留空间，轻盈灵动。形态功能均与岭南水街形成互动，让桥梁成为网红打卡点的本体和载体。桥梁周边街区建筑多为底层或小高层，最高点标高 100m，空间较为开敞，桥梁未设置遮挡，视线开敞通透，尺度较为合理，符合城市空间开合节奏变化。结合周边商务办公及岭南水街用地性质，人群以商务办公人群和休闲为主。设计主要关注如何串联城市慢行空间，协调周边城市节奏，将桥梁坡道串联滨水步道与人行道，交通贯通。设计师巧妙地将桥上停留空间植入城市公共空间系统，增强与城市互动。

09+24 号桥（图 4.2-8）以"起航"为主题，提取风帆元素为桥墩的构成形态，寓意海上丝绸之路新的起点和新开始。设计主要关注桥梁与周边景观的整体化打造，使桥梁适应城市变迁，在整体造型上力图减弱桥下通行的压迫感，并吸引人流，深入挖掘互动景观。

图 4.2-7 中轴涌 08 号桥盛世效果图
图片来源：中国建筑西南设计研究院有限公司

图 4.2-8 中轴涌 09 号桥效果图
图片来源：中国建筑西南设计研究院有限公司

4.2.4　设计过程中，与总师的互动

在项目设计过程中有很多有趣的故事。设计的不断推进也是各个设计单位和业主及总师相互了解的过程。

整个项目的推进分为三个阶段，每个阶段和总师探讨的设计问题着重点也不一样，作为中轴涌桥梁群的深度设计参与单位，我们很能理解总师反馈的设计问题。

在概念方案阶段，以满足桥梁通行功能为前提，重点研究桥梁形态是否满足上位规划及桥梁指引，评估其与市政道路、周边城市界面、河涌、地下空间等的融合度。并且初步评判形态与结构形式结合的合理性，确定方案设计的方向，在这个过程中总师针对本阶段的成果进行了相关设计问题的反馈。此阶段反馈的问题也是设计过程中比较担心和重要的问题，与总师单位一同探讨的设计问题决策点，直接决定桥梁方案的方向，对设计单位和总师单位都是一个很大的考验。

各桥梁在设计推进中内部进行了方案定案，就每座桥梁的样式进行了初步的评估和探讨。由于中轴涌桥梁多至9座，各设计师在各桥梁的设计过程中会按照自己的理解去艺术化处理桥梁形态，导致概念方案的首轮方案出现装饰手法过重的情况。设计团队及时通过方案评审的形式进行方案的纠偏工作，回归桥梁本质，强调结构美学的展现。过程中总师单位与设计单位一道就设计成果进行了快速的探讨，并结合桥梁设计指引对设计成果的方向有针对性地提出了建设性的建议。

方案设计阶段，根据概念方案确定的初步成果，重点核实相连市政道路、周边地块、地下空间、河涌等边界条件与桥梁的衔接关系，推敲桥梁结构体系与桥梁形态的结合度，确定桥梁功能形态的最优解。过程中同步解决与水利水工的衔接工作，为桥梁方案的落地提供最有力的技术保证。并且在此阶段解决和检验桥梁相关材料、工艺、桥身色彩的选取、通用做法的统一工作。

桥梁的收口阶段，重点推敲、核实桥梁防护安全、排水、照明、园林等各专业细化设计对桥梁功能和造型的影响。统筹考虑，分专项收口，为

具体的桥梁工程设计打下良好的基础。

总师制度特别值得推广的是在每个设计节点或者阶段结束后，总师单位都会和设计单位一起回顾总结上一阶段已经解决的问题，并提醒设计单位下一阶段着重要解决的问题。虽然设计单位内部也会进行各设计阶段的设计成果梳理及下阶段开展工作相关的专项梳理工作，但总师的阶段性的梳理为下阶段工作的指引和提醒起了良好的带头作用，对项目产品的良性推进和产品的完美落地具有比较重要的作用。

成果检验表和项目清单类似一个双保险，集约化、集中化地按照项目情况分项、分类、分专业，点对点地进行成果的统一复核工作。

设计单位内部向各单位提供设计成果时，会有一个完成的内部质量管控机制（自校、校对、审核、审定），成果检验表类似一个复校机制，会在设计单位审定人员不了解项目情况之时，对项目方案进行拉网式把关。项目清单能起到对设计成果进行梳理、归类和技术统筹的把关作用。

当然一表一单也不能进行一刀切的统筹管理工作，毕竟桥梁设计是结构美学的集中体现，适当的柔性管控有利于在项目推进过程中更好地同业主及总师一道商讨结构美学的南沙呈现方式。

4.3　支涌桥梁群设计

4.3.1 桥梁策划及指引研究报告的理解及应用方式

总师制度上至上位规划，下至不同重要等级的桥梁细部景观设计细节，都有不同的分类及引导，使得设计师在设计时有则可依，同时也给设计师一定的发挥空间。设计师根据相应总师的引导进行一定的创意延伸及艺术灵感的叠加，就能高效地创造出景观桥梁方案。

对于支涌桥梁群设计，以下将以三多涌 10 号、11 号、13 号桥为例，进行说明。

1. 桥梁跨径及结构选型

总师指引中定位中小桥梁特点主要是以细节打造来突出桥梁景观，不是通过体量和大视觉突出来体现桥梁。三多涌单跨 50m 以下桥梁可选梁桥，当采用 3 跨的跨径组合时推荐跨径比例约为 0.6：1：0.6，尽量避免在河中设置桥墩。

三多涌河道（图 4.3-1）宽 20m，两侧生态河岸各 5m，三多涌规划蓝线宽度为 30m，桥下滨水步道一边 7.75m 宽，路基边坡 3.75m 宽。结合河道断面，在桥梁标高服从规划标高的前提下，桥梁长度约 55m。由于河道两侧的对称性，故选择三跨布孔方案，由指引三跨跨径比例约为 0.6：1：0.6 的原则初步拟定三多涌桥梁跨径为（15+25+15）m，其中 10 号桥由于采用斜腿刚构造型，斜腿往河中线方向偏移 1m，故 10 号桥桥梁跨径初步拟定为（16+23+16）m。如图 4.3-2 三多涌桥梁立面布置示意图所示，桥墩均设置在河道以外的生态河岸中。

2. 桥梁下部结构

桥梁下部结构对桥梁的整体形象有重要影响，并直接影响使用者的桥下空间体验。桥墩的整体造型和数量，应结合城市整体风格、桥梁整体造型和桥下空间步行体验综合考虑；应采用视线通透、形态简洁的一组桥墩形态，并与桥梁上部结构造型匹配。

三座桥梁桥墩均落在滨水步道和河涌水岸之间的绿化斜坡中部，桥墩造型综合考虑景观及受力要求进行设计。10 号桥周边为居住和学校地块；桥宽 20m，受力要求相对低一些，因此采用动态、具有张力的桥墩造型。

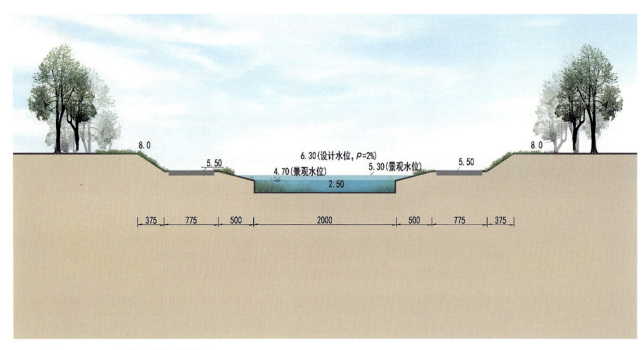

图 4.3-1 三多涌河道断面示意图
图片来源：广东省交通规划设计研究院集团股份有限公司

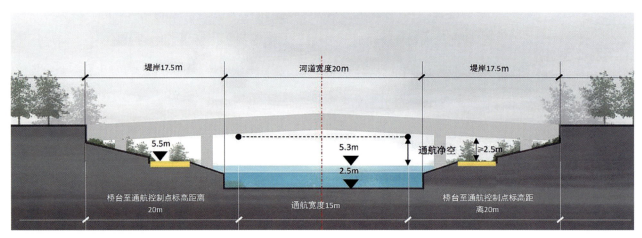

图 4.3-2 三多涌桥梁立面布置示意图
图片来源：广东省交通规划设计研究院集团股份有限公司

11 号桥周边地块性质虽与 10 号桥相近，但是桥宽达 30m，受力要求更高，因此采用立面上更为稳重的竖直桥墩。13 号桥靠近中轴涌，周边除了居住和学校地块，还规划了运动和社区文化中心，因此考虑更活泼、灵动的造型。

图 4.3-3　10 号桥桥墩方案双柱型
图片来源：广东省交通规划设计研究院集团股份有限公司

图 4.3-4　11 号桥桥墩方案双柱型
图片来源：广东省交通规划设计研究院集团股份有限公司

根据总师指引初步拟定 10 号桥桥墩方案采用双柱型（图 4.3-3）；11 号桥桥墩方案采用双柱或 V 型（图 4.3-4）；13 号桥桥墩方案采用 V 腿刚构型（图 4.3-5）。

图 4.3-5　13 号桥桥墩方案 V 腿刚构型
图片来源：广东省交通规划设计研究院集团股份有限公司

桥墩向上与主梁自然衔接，造型轻盈，形态简洁，富有张力。桥墩形态向上生长，曲线优美呼应周边环境，高度符合总师设计理念；在顺河涌方向和垂直河涌方向均有较好通透性，行走在桥下滨水步道给人以舒适感；桥墩结构外表面由混凝土浇筑而成，无装饰，避免装修材料脱落，混凝土耐久性较好，有利于管养；桥墩落在滨水步道与水岸间的绿化斜坡上，不阻水，对行洪有利；桥墩与堤岸宜同步施工，大大降低桥墩施工难度。

桥台设计（图 4.3-6）考虑与滨水步道两侧的道路边坡一体化设计，将桥台前墙考虑与道路边坡坡率一致，使得道路边坡与桥台前墙相互融合，过渡顺畅。

3. 桥梁景观灯光设计

总师指引中明确规定三多涌一般桥梁以暖光为主，静止彩色灯光，照明形式采用静态照明。10 号、11 号、13 号桥均采用桥下灯光的形式满足桥下夜间照明，同时也展现出桥梁夜间的景观效果。

10 号桥夜景照明（图 4.3-7）以暖光为主，在满足桥下夜间照明的同时重点展现桥形之美，在夜间灯光的照射下凸显桥梁下部结构的"芭蕉"向上生长的姿态，同时将桥梁结构倒影投射在水中形成一幅美丽的画卷。在灯光设计时，按照总师指引，桥下灯光不得影响周围环境。

图 4.3-6　桥台展示图
图片来源：广东省交通规划设计研究院集团股份有限公司

图 4.3-7　10 号桥桥下灯光展示图
图片来源：广东省交通规划设计研究院集团股份有限公司

图 4.3-8　11 号桥桥下灯光展示图
图片来源：广东省交通规划设计研究院集团股份有限公司

图 4.3-9　13 号桥桥下灯光展示图
图片来源：广东省交通规划设计研究院集团股份有限公司

11 号桥夜景照明（图 4.3-8）以暖光为主，在满足桥下夜间照明的同时结合横肋形态展现横肋之美，在夜间灯光的照射下凸显桥梁上部结构的"芭蕉经脉"向外伸展的强力形象，同时将桥梁结构倒影映在水中形成天地呼应的美景。

13 号桥夜景照明（图 4.3-9）以暖光为主，在满足桥下夜间照明的同时结合"V 构"形态展现曲线之美，在夜间灯光的照射下凸显桥梁下部结构的"两片芭蕉"强有力的横向伸展，同时在桥梁纵向及横向两个方向与主梁一体，形成不同角度的曲线美。

三座桥梁灯光设计均采用暖光静态照明，在满足桥下照明的前提下凸显桥梁景观设计主题，提升桥下慢行空间的观赏性和趣味性。

4. BIM 应用

为了便于项目管理及异形景观桥梁施工模板的精确放样及加工，10 号、11 号、13 号桥在完成施工图的同时展开 BIM 三维模拟，通过 Bentley 软件强大的曲面处理能力，将异形桥墩进行精确化建模，再通过 Revit 软件将桥梁上部结构和铺装等精细化建模，最后通过组装 BIM 模型，完成异形桥梁的三维可视化 BIM 模型（图 4.3-10 ～图 4.3-12）。

图 4.3-10　10 号桥 BIM 三维模型
图片来源：广东省交通规划设计研究院集团股份有限公司

图 4.3-11　11 号桥 BIM 三维模型
图片来源：广东省交通规划设计研究院集团股份有限公司

图 4.3-12　13 号桥 BIM 三维模型
图片来源：广东省交通规划设计研究院集团股份有限公司

4.3.2 总师研究成果的设计再思考

根据总师指引对桥梁方案进行深度创作，在满足总师的前提条件下，10号、11号、13号三座桥梁整体造型简洁舒展，桥梁结构形式采用简易梁式桥梁结构，三座桥桥型相似，桥面以上建筑相对简洁，桥下通过桥墩造型塑造桥下滨水步道的近距离观赏的空间细节，桥梁下部结构根据桥梁所处的周边地块的不同属性展现不同的特色主题。主梁下缘横向采用曲线拟合，有效增加桥下日照范围，同时主梁与桥墩相互融合，共同展现桥梁主题。

三座桥梁设计满足总师指引的一般性桥梁设计原则，三座桥梁满足协同性要求，但三座桥梁下部各不相同，充分呼应了周边地块属性的相关主题。

4.3.3 三多涌桥梁设计主题的设计构思与工作模式

根据总师指引，三多涌10号、11号、13号桥梁均为一般性桥梁，按照桥梁总师指引开展概念设计及方案设计。

总师指引中提出桥梁群的分区设计主题分别为融汇、蜕变、协同及共生，根据三多涌10号、11号、13号的桥梁等级划分，这三座桥梁采用总师中的"协同"桥梁设计主题，强化景观带生态功能，提升景观漫游体验，配合周边功能特征，重点刻画桥下慢行空间。

取自周边自然生态和渔农生活（植物、农作物等），采用曲线/曲面或以圆角相接的直线/面构成轻盈舒展且具有一定雕塑感的整体桥型，以突出结构美，避免过多装饰性构件（图4.3-13）。

依据总师指引初步选定南沙典型特征元素芭蕉为三多涌10号、11号、13号中小桥的创作源。芭蕉是典型的岭南作物，色泽翠绿，形态优雅，深受人们喜爱，在民居庭前屋后广泛种植。"雨打芭蕉"这一自然现象成了岭南文化符号，出现在绘画、民乐和剧目中。南沙曾广泛种植芭蕉，芭蕉是南沙记忆中的典型符号。提取"芭蕉"为主题元素，符合南沙的历史记忆，也契合总师指引中的"岭南风情、国际风范"规划愿景（图4.3-14）。

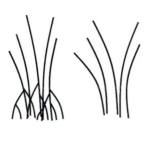

图 4.3-13　从自然生态提取空间形态肌理
图片来源：左一为 Getty Images，左二及右图为奥雅纳

图 4.3-14　横沥岛芭蕉林
图片来源：广东省交通规划设计研究院集团股份有限公司

"芭蕉得雨便欣然，终夜作声清更妍"，诗中将作者的喜悦之情渗透到了雨打芭蕉中。方案构思以芭蕉作为元素意象，通过对芭蕉经脉进行勾勒，在形态上进行抽象和提取，最后形成的曲线要素用以展示景观桥梁的形态（图 4.3-15、图 4.3-16）。

通过提取芭蕉经脉要素，抽象为向上伸展、舒展的曲线要素。10 号桥、11 号桥、13 号桥连接地块属性相近，使用人群相似，采用统一的主题概念，三座桥梁各自表现一个相对独立又具有一定关联的文化符号。由于这三座桥属于一般性桥梁，在景观桥梁方案创作时，桥梁下部结构借用芭蕉形态

4 桥梁景观总师制度的应用与成果展示　　149

图 4.3-15　芭蕉经脉展示图
图片来源：广东省交通规划设计研究院集团股份有限公司

图 4.3-16　芭蕉形态抽象及提取
图片来源：广东省交通规划设计研究院集团股份有限公司

进行创作。

10号桥（图4.3-17）周边为居住和学校地块；桥宽20m，受力要求相对低一些，因此采用动态、具有张力的桥墩造型。横断面形态呼应芭蕉主题元素，并且桥墩曲线与主梁底缘曲线完全融合，展示芭蕉蓬勃向上生长的姿态。

11号桥（图4.3-18）周边地块性质虽与10号桥相近，但是桥宽达30m，受力要求更高，因此采用立面上更为稳重的竖直的桥墩。桥墩横向采用芭蕉提取曲线进行创作，横向采用两片芭蕉形态曲线要素形成双柱桥墩。

13号桥（图4.3-19）靠近中轴涌，周边除了居住和学校地块，还规划了运动和社区文化中心，因此考虑更活泼、灵动的造型。方案构思中立面形态运用从芭蕉中抽取的曲线要素，远处看就像两片芭蕉生长在河道两

图 4.3-17　10 号桥横断面展示
图片来源：广东省交通规划设计研究院集团股份有限公司

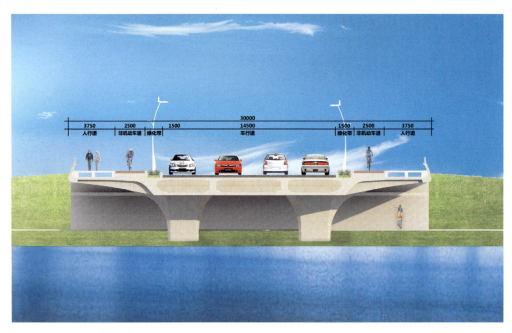

图 4.3-18　11 号桥横断面展示
图片来源：广东省交通规划设计研究院集团股份有限公司

图 4.3-19　13 号桥立面形态上呼应芭蕉要素
图片来源：广东省交通规划设计研究院集团股份有限公司

侧，整个 13 号桥从立面形态上呼应芭蕉要素。

10 号桥、11 号桥、13 号桥各自表现一个相对独立又具有一定关联的文化符号，共同组成桥梁景观主题概念。桥梁以舒展的曲线呼应周边自然生态和渔农生活的主题元素。

4.3.4　设计过程中与总师的互动

总师是整个横沥岛桥梁群设计的总指挥，设计过程中每周五通过邮件的方式向总师汇报当前进度计划及下一步的计划，每个小节点（如方案成果提交），我们会根据总师要求编制每一步的工作成果正负面清单，总师收到成果后会严格把关每一个设计细节，并将审核意见以邮件的形式返回，同时将每一步成果记录在正负面清单中，以便项目高效有序推进，保证时间进度及质量控制。

4.4 总师制度应用的深刻体会及影响

　　项目从设计准备工作的开始到最终设计成果的提交，均采用总师制度，总师单位对各家设计院景观桥梁设计进行引导和监督，使得桥梁群中的每一座桥梁景观性满足其区域要求。总师制度在控制桥梁群的景观效果的同时严格控制整个项目的推进进度。设计能有条不紊地推进离不开总师制度在设计开始前全面的"设计前"准备工作，这个工作既像任务书，又像导则。

总师制度在设计单位介入前，能够总体梳理设计内容，形成项目的统一规范制度，保证项目快速进入正轨。特别是多家设计单位同时介入，项目设计内容较多、边界条件较为综合、复杂的情况下，协助业主，引导设计单位快速熟悉项目的各个界面的设计输入条件，高效进入项目。

在项目进行过程中，能够及时纠偏提醒和引导各个设计单位遵循、延续上位规划及指引。把控大方向，形成有效分区、统一归类，边界清晰、逻辑缜密，符合项目自身特点，形成统一整体的设计语言。设计单位会遵循上位指引对桥梁群进行细分，不同等级的桥梁风貌设计能提供有针对性、差异化的设计思路参考，每家设计单位根据桥梁等级进行深入的桥梁设计，使得每座桥梁具有独特的景观形态，同时各座桥梁都源于指引的创意要求，不同设计师设计的桥梁融合而成的桥梁群具有"和而不同"的景观形态。设计师在总师的框架之下设计能游刃有余，同时避免各设计单位在平行推进过程时出现设计同质化、设计成果不满足桥梁指引要求甚至出现设计成果与业主及上位指引存在较大差异的情况。

在设计成果提交前期，能够协助业主督促设计成果不断深化，并就阶段性设计成果提出关键性的意见，督促设计单位完善和解决桥梁技术问题。

在设计收口阶段，确保项目落地的总体效果。并且在精细化设计上结合总师对项目总体情况的了解和把控程度，提醒设计单位对周边待开发地块、市政道路、河涌景观等做最终的复核工作，最终实现设计产品对高品质、高颜值要求的完整落实。

在开展桥梁设计工作时，我们认为桥梁群首先要满足上位桥梁规划指引，避免每座桥梁设计形态雷同，同时要保证设计语言统一。设计过程中把桥梁产品放在城市设计更大的空间来进行考虑，在满足桥梁设计基本功能的同时，从片区用地性质、城市设计、周边业态、河涌景观风貌、街道一体化、水利水文、人群行为等多维度、多专业来进行研究，在满足桥梁通行功能的前提下，始终站在城市设计的角度来认识桥梁，设计桥梁，方可设计出与周边环境、城市融合的产品。我们认为就这一点设计是做得还不错的，桥梁融合城市的同时，桥梁也成为城市中的一道风景。

4.5 成果后评价

在横沥岛尖桥梁群的项目推进过程中，各方协同共进，尽最大可能实现精细化管理，确保项目的高品质。

编制《南沙横沥岛尖跨河涌景观桥梁群设计策划》和《南沙横沥岛尖跨河涌景观桥梁群设计指引》的过程，是将编者脑中逐渐清晰的横沥岛尖的桥梁群形象转化为相应技术要求并留有设计弹性的过程；而设计单位形成具体设计，则是在理解相关文件、遵循相应要求下，结合技术和创意，形成桥梁方案的过程。

在提前设定和宣贯的工作运行机制的要求下，设计单位按要求提交相应的设计，咨询单位分步审核，过程中始终确保桥梁方案的总体走向遵循《南沙横沥岛尖跨河涌景观桥梁群设计策划》和《南沙横沥岛尖跨河涌景观桥梁群设计指引》要求。

项目推进过程中，存在不同专业、不同功能诉求的冲突与碰撞，通过多专业、多项目间的多方对接协调和交流，最终的横沥岛尖 28 座景观车行桥设计与指引编制预想的桥梁群节奏相吻合，融入横沥岛尖城市空间中，达到了中轴涌桥梁主次有序、互相协调，统一又富有变化；三条支涌的桥梁形象恰如其分，不过分突出的目标。同时设计单位在桥梁设计中融入的具体活动构想、桥梁的具体设计构思，又为横沥岛尖桥梁群的设计增添了新意和趣味。

南沙横沥岛尖景观桥梁群方案成果赏析 5

5.1 中轴涌桥梁

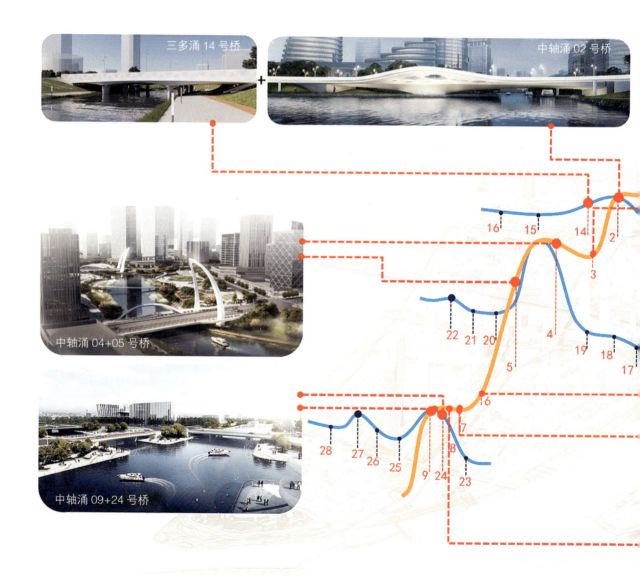

图 5.1-1 中轴涌桥梁群
图片来源：奥雅纳制作，效果图来自中国建筑西南设计研究院有限公司、广东省建筑设计研究院有限公司，横沥岛尖整体模型底图导出自华建城市设计模型"明珠湾整体模型.skp"

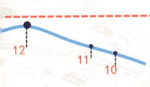
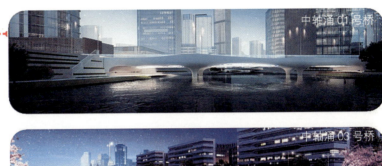

中涌 01 号桥

中涌 01 号桥（图 5.1-2）为中轴涌一般性桥梁，以"潮吟横沥"为主题。"潮吟"是海洋形态的开始，微微而有力，处于中轴涌开端的 01 号桥采用简洁明快的桥梁形态。

上部结构为预应力混凝土连续箱梁桥，下部共设 4 座钢筋混凝土圆墩，采用轻型桥台，桩基础。梁高 1.6m，跨径 19+30+19m。

>> 设计感想：

中轴涌的开端用涨潮时海水简洁流畅的曲线来呈现，流动的线条桥梁和城市空间形态、功能高度融合，"潮吟"作为一般性桥梁，不抢场景不争俏，在中轴涌的开始刚刚好。

图 5.1-2　01 号桥效果图
图片来源：中国建筑西南设计研究院有限公司

中轴涌 02+14 号桥

中轴涌 02+14 号桥是中轴涌 3 组标志性桥梁之一，响应《南沙横沥岛尖跨河涌景观桥梁群设计指引》"以相同／相似的造型构成一组形象，并且要强调水平延展，通透轻盈"的要求，采用双子桥的理念设计。以"潮影拾贝"为主题（图 5.1-3），浅色调的桥体与周边医疗居住用地相协调，通过流畅的流线形态与周边慢行系统无缝衔接。

02 号桥（图 5.1-4）意在创造富有艺术美感、结构美感、融合感的空间，一侧人行桥局部挑高，在滨水步道视角与周边建筑产生视觉上连续感，同时下部可创造丰富的桥下空间与周边景观带产生联系。

14 号桥（图 5.1-5）桥体上部造型较为简洁，以突出 02 号桥的形态特点；桥体下部采用流线造型，模拟贝壳灵动流畅、富有张力的外观，追求子母桥整体语汇的统一。

02+14 号桥的相似性主要通过造型风格的相似和细部设计的统一进行表达：以相同样式的穿孔板栏板、延续市政道路铺装样式，形成连续统一

图 5.1-3　02+14 号桥整体效果图
图片来源：中国建筑西南设计研究院有限公司

>> 设计感想：

02号桥"拾贝"是我们从整体出发最先开始设计工作的一座标志性桥梁，贝壳形态是优美的，"拾贝"二字带有想象的场景感。未来一定是一件洁白的能和城市互动的，慢行贯通人来人往、车行道上车水马龙的公共艺术品。

图 5.1-4　02号桥效果图
图片来源：中国建筑西南设计研究院有限公司

图 5.1-5　14号桥效果图
图片来源：广东省建筑设计研究院有限公司

的桥上空间样式；舒展流畅、色彩统一的桥体造型，形成协调又具有差异的一组子母桥。

中轴涌 02 号桥采用连续变截面钢混组合梁桥（图 5.1-6），桥梁长度 100m，桥梁宽度 24m，跨径 30m+60m。

14 号桥桥梁长度 63m，设计采用 3 跨的跨径组合，桥梁跨径组合为 15+24+15m，中跨大于边跨，边中跨比约为 0.625。上部结构为变截面预应力混凝土连续箱梁，横向舒展，立面变截面体现曲线韵律美。

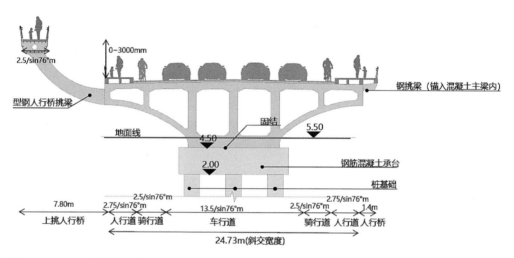

图 5.1-6　02 号桥断面示意图
图片来源：中国建筑西南设计研究院有限公司

中轴涌03号桥

中轴涌03号桥（图5.1-7）为中轴涌一般性桥梁，以"潮平听风"为主题。塑造一个丽日和风般轻盈纤薄的水上长虹，结合夜间灯光体现结构美学。

中轴涌03号桥为3跨连续混凝土箱梁桥，跨径23m+35m+23m，桥梁宽度36m。4座Y型混凝土桥墩使得桥下视线通透，桥梁整体形象简洁舒展。

>> 设计感想：

03号桥看似一座平凡的桥梁，却有大大的学问。"听风"源于对南沙气候的了解和对低碳环保的挖掘，展现为优美的形态。风透过穿孔的栏杆发出嗡嗡的声音，同时也带来了凉爽。

图5.1-7　03号桥效果图
图片来源：中国建筑西南设计研究院有限公司

中轴涌 04+05 号桥

中轴涌 04+05 号桥是中轴涌 3 组标志性桥梁之一，同时也是全岛标志性最强的一组桥梁。

响应《南沙横沥岛尖跨河涌景观桥梁群设计指引》"两座桥成组设计、相互呼应，适当强调雕塑感，形成景观节点中层背景。结合整体空间尺度和区域景观，利用桥梁结构形式，适当强调纵向标志性"的要求，采用双子桥的理念设计，发扬南沙在地海洋文化，以珠江口水域分布着的中华白海豚为灵感进行创作，呈现"双鳍逐浪"主题，打造横沥未来新地标（图 5.1-8）。

中华白海豚，海洋中灵动的精灵，智慧与魅力并存。04+05 号桥围合中轴涌湾区，桥梁采用流畅柔和的形态，营造魅力宁静的中轴港湾，两座桥成为湾区跃动的精灵。04 和 05 号桥在横沥景观交汇之心形成联动的视觉风貌，结合碧道系统串联起桥上桥下空间体验。

图 5.1-8　04+05 号桥整体效果图
图片来源：中国建筑西南设计研究院有限公司

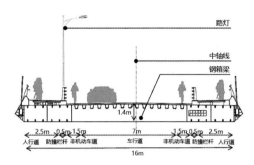 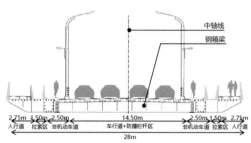

图 5.1-9　04 号桥断面示意图　　　　　图 5.1-10　05 号桥断面示意图
图片来源：中国建筑西南设计研究院有限公司　　图片来源：中国建筑西南设计研究院有限公司

04 号桥采用钢结构斜塔斜拉桥（图 5.1-9），跨径组合 71m+14m；05 号桥采用钢混结构斜塔斜拉桥（图 5.1-10），桥梁总跨 60m。

设计过程中 04+05 号桥结合对整体城市空间关系、视线关系、桥梁体量尺度的多维分析推敲（图 5.1-11），塑造灵动且具有张力的双子桥形象，打开观景视线，衔接周边城市天际线，填补城市留白空间，打造宜人的湾区核心场所体验。

>> 设计感想：

04+05 号桥作为中轴涌的标志性双子桥，承载着传递南沙在地文化与世界级地标桥梁作品的使命，团队也付出了极大设计热情。我们从城市空间的层面思考地标的定位，形式与功能，无论在整体造型到桥梁细节的把控上都力求创新性与独特性，希望两座双子桥以简洁优雅的姿态跃动在浪漫的湾区之心。无论是拱桥还是斜拉桥，从设计初期的概念到得出最后的形态，设计团队内部多专业协同，同时和业主及奥雅纳咨询团队都反复密切地互动，克服重重技术难点，力求精准无误地将独一无二的作品呈现给未来的大湾区。

■ 04+05号桥周边尺度与视线分析：

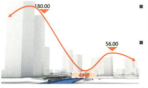

- 周边街区建筑北高南低，落差较大，可结合天际线趋势进行桥梁立面设计，形成城市空间标志性节点。
- 考虑到高层建筑的俯瞰效果，设计线条流畅的桥面形体和特色铺装。
- 周边街区建筑高低起伏，城市空间沿市政道路方向向两侧建筑群闭合。
- 沿河流碧道方向景观空间开合有度，一侧有河流交汇形成的开放空间，桥梁应结合空间节奏形成其独特的形体。

- 周边街区建筑相距较远，南高北低，可结合天际线趋势进行桥梁立面设计，形成填补建筑之间城市天际线的标志性节点。
- 周边街区建筑高低起伏，城市空间沿市政道路方向向两侧建筑群闭合。
- 沿河流碧道方向景观空间视野开敞，一侧有河流交汇形成的开放空间，桥梁应结合空间节奏形成其独特的形体。

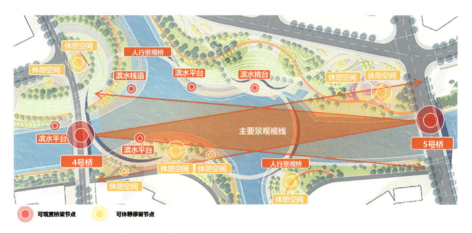

图 5.1-11　04+05号桥周边尺度与视线分析
图片来源：中国建筑西南设计研究院有限公司

中轴涌 06 号桥

中轴涌 06 号桥（图 5.1-12）为中轴涌一般性桥梁，以"白羽齐飞"为主题。提取海鸥塑造桥身桥墩利落感，通过面的转折强调纯净感，配合灯光勾勒犹如时光隧道的空间体验。主桥跨度 25.14m+54.71m，桥梁宽度 ≥ 62m。

>> 设计感想：

06 号桥作为整个桥梁设计序列里的一般性桥梁，设计师用几根简练而富有张力的线条定乾坤，满足"平"的空间定位，同时创造出结构美学上力与美共生的最大考量，设计师的理念以简洁富有张力的设计语言呈现。

图 5.1-12　06 号桥效果图
图片来源：中国建筑西南设计研究院有限公司

中轴涌 07 号桥

中轴涌 07 号桥（图 5.1-13、图 5.1-14）为中轴涌次重点桥梁。根据《南沙横沥岛尖跨河涌景观桥梁群设计指引》，中轴涌 08 号桥是临近滨水商业区的次景观节点，应简化桥梁造型，控制桥面以上的构筑物高度，通过强调夜景照明和互动装置设计，与一般性桥梁加以区分。整体造型与地下空间下沉广场、滨水景观统筹考虑，使桥上、地面、地下慢行空间形成互动，交通流线有机联系。

方案以"海上明月"为主题。海洋蕴含生命的变化和流动，设计以海上明月为意象，从流动的海水与月牙形态中提取流动飘逸的曲线语言。强

图 5.1-13　07 号桥效果图
图片来源：中国建筑西南设计研究院有限公司

调水平方向的曲线美感，弱化桥墩，使桥梁犹如漂浮在水面的一弯月牙，寓意"明月初升·未来可期"。

桥梁上部结构为预应力混凝土连续箱梁桥，下部为钢筋混凝土结构，每座桥墩横向采用2根柱子，轻型桥台，桩基础。梁高1.4m，跨径19m+26m+19m。

>> 设计感想：

如何让桥梁与城市融合、如何让桥梁带给人美与艺术的体验，是本轮设计着重考虑的方向。岭南水街华灯初上，桥体犹如一弯明月在水面上刚刚探出头。南沙的美好生活就在此开始。

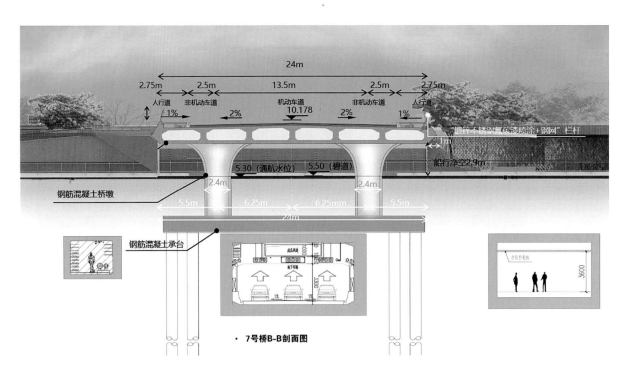

图 5.1-14　07号桥断面示意图
图片来源：中国建筑西南设计研究院有限公司

中轴涌 08 号桥

中轴涌 08 号桥（图 5.1-15）为中轴涌次重点桥梁，根据《南沙横沥岛尖跨河涌景观桥梁群设计指引》，中轴涌 08 号桥是临近滨水商业区的次景观节点，应简化桥梁造型，控制桥面以上的构筑物高度，通过强调夜景照明和互动装置设计，与一般性桥梁加以区分。

方案以"盛世欢螺"为主题。通过提取海螺形态，演变为桥梁形态，桥体挑出形成停留空间，轻盈灵动。形态功能均与岭南水街形成互动，让桥梁成为网红打卡点的本体和载体。

桥梁上部结构为预应力混凝土连续箱梁桥，下部为钢筋混凝土结构，共设 4 座椭圆形桥墩，采用轻型桥台，桩基础。梁高 1.4m，跨径 20m+26m+20m。

>> 设计感想：

设计考虑到市政桥梁除交通功能之外对城市产生的积极影响，使桥梁不再独立于周边环境而存在，窄窄的桥上有着大大的停留空间。人在桥上看风景，慢慢的桥上的人们也成了这儿难得的风景。

图 5.1-15 08 号桥效果图
图片来源：中国建筑西南设计研究院有限公司

中轴涌 09+24 号桥

中轴涌09+24号桥（图5.1-16）为中轴涌3组标志性桥梁之一。呼应《南沙横沥岛尖跨河涌景观桥梁群设计指引》提出的"以相同／相似的造型构成一组形象，并且要强调水平延展，通透轻盈"要求，采用双子桥的理念设计，以"扬帆起航"为主题，简化空间元素，突出景观重点。与城市活动、媒体事件链接，形成户外展示，成为故事发生器。与周边商务娱乐康体用地性质匹配，以浅色调为主突出娱乐性、新技术和互动性。

09+24号桥临近横沥岛尖制高点——600m超高层所在区域，为简化空间元素，09+24号桥采用了相同的设计元素组成高度相似的一组子母桥，结合结构设计，通过不同的跨径组合加以区别。中轴涌09号桥（图5.1-17、图5.1-18）采用预应力混凝土连续箱梁桥，桥梁宽度42m，跨径组合为19m+26m+19m。24号桥采用连续钢箱梁桥，桥梁宽度18m，跨径组合为20m+31m。

图5.1-16　09+24号桥整体效果图
图片来源：中国建筑西南设计研究院有限公司

>> 设计感想：

要在"非常规"接近正方形尺寸，且周边场地设计元素很多的情况下，在桥造型上来做文章，设计团队觉得很是为难。如何通过结构、材料、色彩以及灯光等要素去弱化这个体量是整个设计当中最难的一环。我们在形态上做减法，采用留白的方式来满足桥梁功能，最终也完美融入了周边城市场地环境。

图 5.1-17　09 号桥效果图
图片来源：中国建筑西南设计研究院有限公司

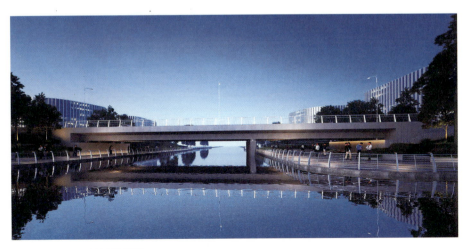

图 5.1-18　24 号桥效果图
图片来源：中国建筑西南设计研究院有限公司

5.2 三多涌桥梁

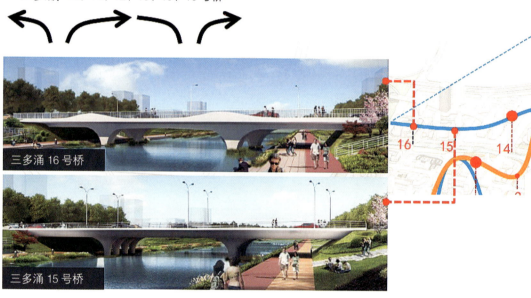

- 三多涌桥梁采用植物主题，呈现向上生长的态势，相似协调，而各不相同。
- 侧重桥下空间的塑造。重点桥梁采用偏心两跨，形成与一般性桥梁三跨的桥下空间不同的桥下空间形态。

横沥岛尖整体模型底图导出自华建城市设计模型"明珠湾整体模型.skp"

5 南沙横沥岛尖景观桥梁群方案成果赏析 | 175

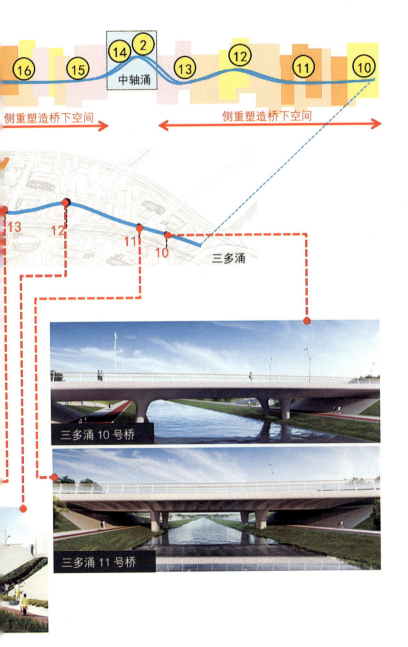

图 5.2-1 三多涌桥梁群
图片来源：奥雅纳制作，效果图来自武汉市政工程设计研究院有限责任公司、广东省交通规划设计研究院集团股份有限公司、广州市市政工程设计研究总院有限公司

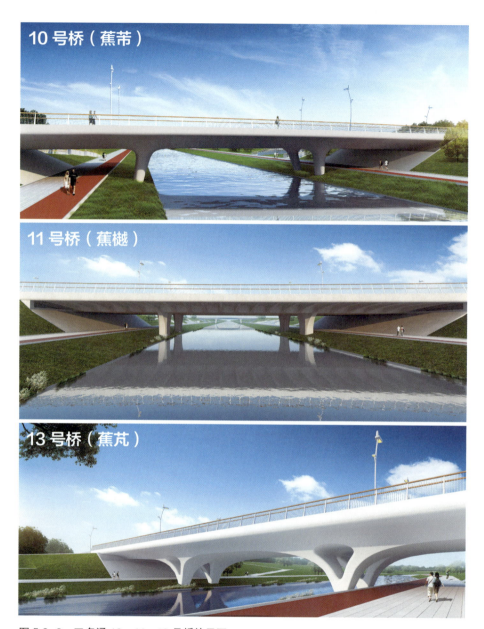

图 5.2-2　三多涌 10、11、13 号桥效果图
图片来源：广东省交通规划设计研究院集团股份有限公司

　　三多涌 10 号桥、11 号桥与 13 号桥连接地块属性相近、使用人群相似、桥梁景观重要性分组相同，因此采用统一的主题概念。提取南沙典型特征素——芭蕉为主题，10 号桥、11 号桥、13 号桥各自表现一个相对独立又具有一定关联的文化符号，共同组成桥梁景观主题概念（图 5.2-2），并与三多涌重点桥梁 12 号桥形成完整故事线。

三多涌 10 号桥

三多涌 10 号桥（蕉苻）（图 5.2-3）芭蕉为主题，以舒展的曲线呼应周边自然生态和渔农生活的主题元素，采用斜腿刚构，利用桥墩与主梁流畅顺接的形态形成桥梁整体的生长态势。桥梁采用等宽断面，全幅布置，桥梁宽度 20m，主梁梁高 1.75m，采用预应力混凝土箱梁，梁底曲线变化，横桥向采用两座桥墩，墩柱采用马蹄形断面。横桥向宽度 1.3m，纵桥向宽度 1.2m，向上略呈 V 字形，与曲线形断面的主梁自然衔接（图 5.2-4、图 5.2-5）。

图 5.2-3 三多涌 10 号桥效果图
图片来源：广东省交通规划设计研究院集团股份有限公司

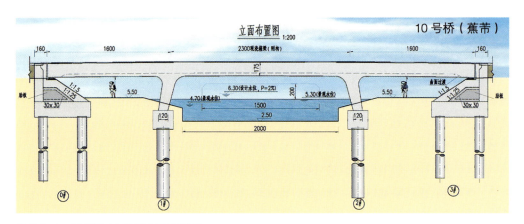

图 5.2-4　三多涌 10 号桥立面布置图
图片来源：广东省交通规划设计研究院集团股份有限公司

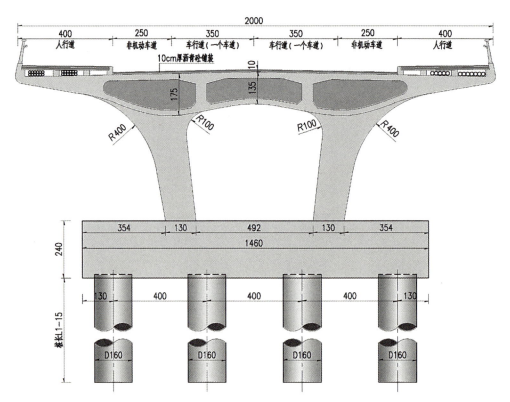

图 5.2-5　10 号桥断面示意图
图片来源：广东省交通规划设计研究院集团股份有限公司

三多涌 11 号桥

三多涌 11 号桥（蕉樾）同样以南沙典型特征元素——芭蕉为主题。其对于主题元素的运用，渗透至细节设计的巧思当中（图 5.2-6）。11 号桥采用连续刚构桥梁，利用桥墩形态和横肋形态形成生长态势。采用等宽断面，全幅布置，桥梁宽度 30m，主梁结构梁高 1.75m，采用带横肋的大挑臂箱梁，横桥向采用两座桥墩，墩柱采用矩形倒角断面；横桥向宽度 2.6m，纵桥向宽度 1.3m，向上与曲线形断面的主梁自然衔接（图 5.2-7、图 5.2-8）。

图 5.2-6 三多涌 11 号桥效果图
图片来源：广东省交通规划设计研究院集团股份有限公司

三多涌 11 号桥以结构的语言表达设计主题，多层级展示主题，无多余的装饰性构件：主梁横肋形成与叶脉相似的形态，横肋交接处，形体以曲面顺接，提升精致度，桥墩造型与横肋顺接，延续向上生长的态势。栏杆的设计同样从"芭蕉"主题中提取造型灵感，并在 3 座桥梁中统一（图 5.2-9）。

夜景照明结合一般性桥梁的定位，避免灯光设计层次繁复，仅突出强调桥梁的形体特征，并将在下一阶段的深化当中进一步完善灯具与结构设计的配合，隐藏灯具。

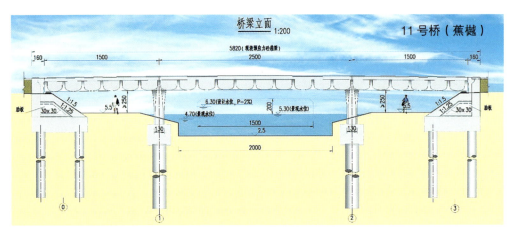

图 5.2-7　三多涌 11 号桥立面布置图
图片来源：广东省交通规划设计研究院集团股份有限公司

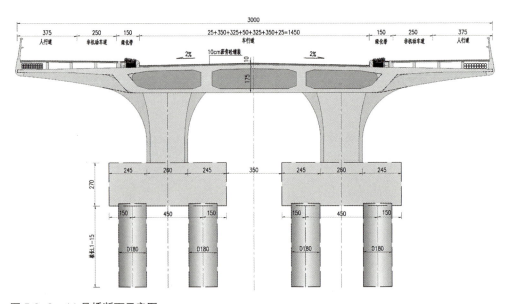

图 5.2-8　11 号桥断面示意图
图片来源：广东省交通规划设计研究院集团股份有限公司

>> 设计感想：

横沥岛桥梁景观是区域视觉识别的重要特征，因而桥梁景观对时代的表达可延伸至城市，把握桥梁景观在美学上的这个特点并适当发挥，在创造富有时代风貌的桥梁景观设计中十分重要。

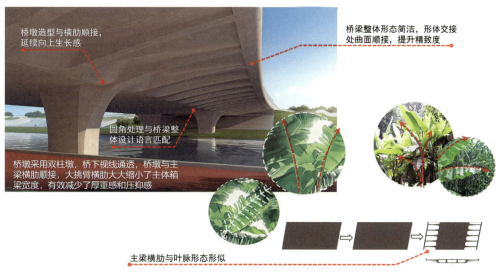

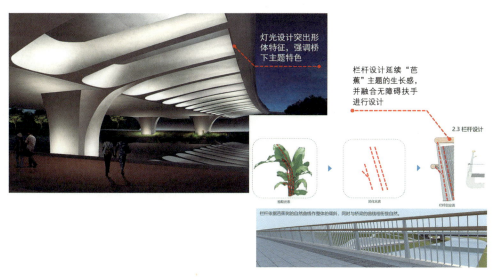

图 5.2-9　三多涌 11 号桥：桥梁造型与桥梁结构一体化设计
图片来源：奥雅纳整合，效果图及意象图来自广东省交通规划设计研究院集团股份有限公司

三多涌 12 号桥

三多涌 12 号桥位于城市体育公园、中小学校和居住区之间，是三多涌的重点桥。桥梁响应《南沙横沥岛尖跨河涌景观桥梁群设计指引》要求，以活力、动感、雕塑感呼应城市体育公园，并通过桥下空间基本形态的差异化、视线关系上强化与体育公园的互动性，使之与一般性桥梁区别。以"怒海欧歌"为设计灵感，桥梁造型重点突出，又与桥群整体自然生态和渔农生活的设计元素相协调，寓意积极向上的精神（图 5.2-10）。

《南沙横沥岛尖跨河涌景观桥梁群设计指引》中要求三多涌 12 号桥采用不等跨两跨形式，使桥下空间和整体造型与三多涌一般性桥梁的三跨形式加以区别。因此三多涌 12 号桥桥梁立面采用变高度预应力混凝土两跨箱梁，梁底采用曲线造型，跨径组 33m+20m，两跨跨径之比为 0.606，接近黄金比例。

>> 设计感想：

每一座桥梁都需要具备自己的"语言"，即每座桥梁都应该是唯一的，这个唯一性又要与整体性相协调，桥梁的造型和材料是否与区域环境协调，桥梁与都市的人文环境是否协调，都是本次设计的重点和难点。

图 5.2-10 三多涌 12 号桥效果图
图片来源：广州市市政工程设计研究总院有限公司

桥墩采用曲线四爪异形墩与主梁固结，以舒展的曲面构成具有活力、动感、雕塑感的造型，给人以植物向上生长的生命感（图 5.2-11）。

不同于一般性桥梁两岸相似视觉体验，重点桥三多涌 12 号桥的桥下空间一侧靠近树状雕塑感桥墩，形成林中穿梭的体验；另一侧则直接毗邻水体，视野开阔，提升亲水性（图 5.2-12）。

12 号桥桥上慢行空间结合整体造型和桥墩的分布，双侧局部扩大，形成观景平台（图 5.2-13），既可观三多涌河景，又可远眺体育公园。同时通过栏杆的虚实对比，强化观景平台吸引人停留的特性。

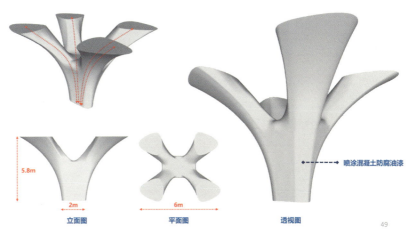

图 5.2-11　三多涌 12 号桥桥墩设计
图片来源：广州市市政工程设计研究总院有限公司

图 5.2-12　三多涌 12 号桥桥下空间效果图
图片来源：广州市市政工程设计研究总院有限公司

>> 设计感想：

三多涌12号桥作为重点景观桥，始终围绕着"高质量精细化设计"进行，确保整体景观性。对于DN600大管径管线，直接抬高人行道或加宽主梁，均会影响桥梁景观效果，基于此提出优化主梁断面，将其从人行道下通过，在不抬高人行道的前提下，既保证了管线净空，又方便检修。

图 5.2-13 三多涌 12 号桥桥上空间效果图
图片来源：广州市市政工程设计研究总院有限公司

三多涌 13 号桥

三多涌 13 号桥（蕉芃）（图 5.2-14）同样以南沙典型特征元素——芭蕉为主题。采用 V 腿刚构桥梁，采用等宽断面，全幅布置，桥梁宽度 20m。主梁梁高纵向变化，采用预应力混凝土箱梁，跨中处梁高 1.1m，横桥向采用两个 V 墩；墩底横桥向宽度 1.8m，纵桥向宽度 1.2m，向上与曲线形断面的主梁自然衔接。

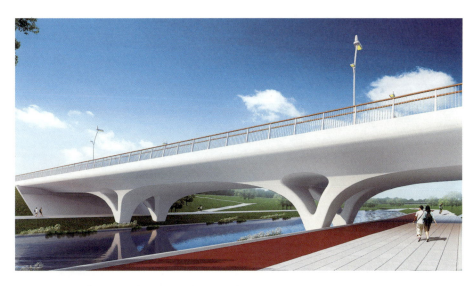

图 5.2-14 三多涌 13 号桥效果图
图片来源：广东省交通规划设计研究院集团股份有限公司

三多涌 15 号、16 号桥

三多涌 15 号、16 号桥（图 5.2-15、图 5.2-16）桥梁整体造型线型流畅，充分体现向上生长的趋势，桥墩与桥身融为一体，体量轻盈。根据桥梁周边建筑用地性质及一般性景观桥梁要求，将本次两座桥梁定位为"共生漫游"。在形态上强调与生态绿廊共生长，在功能上体现与城市居民共漫游（图 5.2-17）。

15 号桥的设计灵感（图 5.2-18）来源于岭南特色农作物"蕉林"，

图 5.2-15　三多涌 15 号桥鸟瞰效果图
图片来源：武汉市政工程设计研究院有限责任公司

图 5.2-16　三多涌 16 号桥鸟瞰效果图
图片来源：武汉市政工程设计研究院有限责任公司

5 南沙横沥岛尖景观桥梁群方案成果赏析　　187

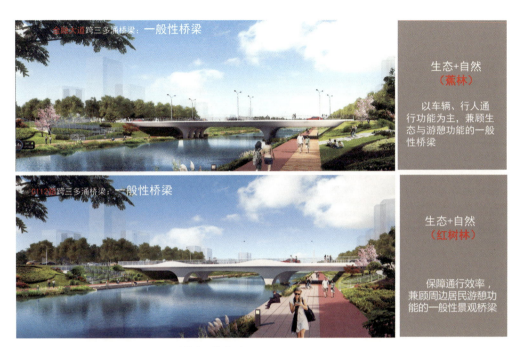

图 5.2-17　三多涌 15 号、16 号桥桥梁整体造型
图片来源：武汉市政工程设计研究院有限责任公司

图 5.2-18　三多涌 15 号桥概念设计
图片来源：武汉市政工程设计研究院有限责任公司

优化提取蕉林向上生长的蓬勃发展的形态，经过现代手法的提炼运用，形成一座宛如从水中自然生长出来的生态桥梁（图5.2-19），寓意横沥新区经济蒸蒸日上，文化繁荣。

三多涌16号桥概念设计（图5.2-20）突破传统的桥墩、主梁、栏杆三部分设计相互独立、缺乏关联性等问题，以一体化设计为目标，将华南地区特色植物红树林作为设计原型，提取红树林枝繁叶茂的特点，树枝与

图5.2-19　三多涌15号桥桥下透视效果图
图片来源：武汉市政工程设计研究院有限责任公司

图5.2-20　三多涌16号桥概念设计
图片来源：武汉市政工程设计研究院有限责任公司

树枝之间形成优美的弧线，桥墩、主梁、栏板腹板形成连续的立面线形，形成仿生的优美姿态，呼应三多涌向上生长的整体设计主题，形成一座宛如从水中自然生长出来的生态桥梁（图5.2-21）。

三多涌15号桥所在道路为金融大道，道路等级为城市次干道，桥梁跨径组成为16m+24m+16m（图5.2-22）。主体结构采用三跨一联预应力混凝土连续刚构桥，单箱五室截面，梁高为1.6m，桥梁横断面宽度为30m（图5.2-23）。主梁端部采用鱼腹式形态，降低上部主梁的视觉高度，形成轻巧的整体形象。

图5.2-21 三多涌16号桥桥下透视效果图
图片来源：武汉市政工程设计研究院有限责任公司

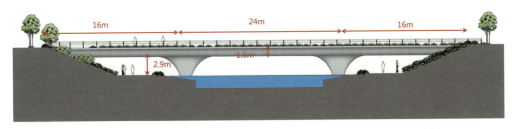

图5.2-22 三多涌15号桥立面图
图片来源：武汉市政工程设计研究院有限责任公司

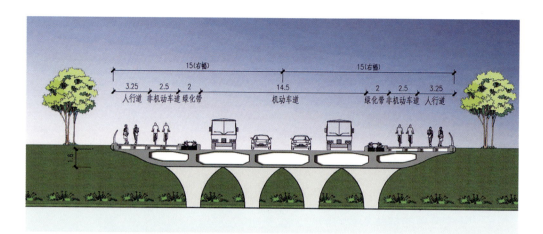

图 5.2-23 三多涌 15 号桥断面示意
图片来源：武汉市政工程设计研究院有限责任公司

采用承台四柱式桥墩，桥墩截面采用矩形截面，桥墩底部截面尺寸为直径为 1m 的圆形；直线过渡到距墩底 3.2m 处的直径 1.3m 圆形截面；再圆弧过渡到上部箱梁底板底面与上部固结。桥墩与主梁通过流畅的弧线形成一体化设计。

三多涌 16 号桥所在道路为 C112 路，道路等级为城市支路，桥梁跨径组成为 16m+24m+16m，桥梁横断面宽度为 20m，为单幅桥。桥梁结构形式为钢筋混凝土连续钢构，单箱三室截面，梁高 1.6m。主梁悬挑 2.0m，降低上部主梁的视觉高度，形成轻巧的整体形象。桥梁立面设计通过主梁腹板、桥墩共面设计，模糊桥墩与主梁的明确界限，结合上部的栏杆立面线型，以一体化的雕塑形态展示"红树林"枝脉相依相连的视觉形象。

为贯彻对于桥梁全生命周期的景观视觉效果，结合南方地区多雨的气候特点，设计进行了相应的考量。以三多涌 15 号桥为例，桥梁断面设计中引用民用建筑中滴水线的做法，在主梁翼缘板外侧设置滴水线，避免桥梁悬挑的翼缘板雨水污染主梁及桥墩主立面景观视觉效果，以最小的建设成本尽可能减少在桥梁运营使用过程中因雨水给桥梁的景观效果带来的不利影响（图 5.2-24）。

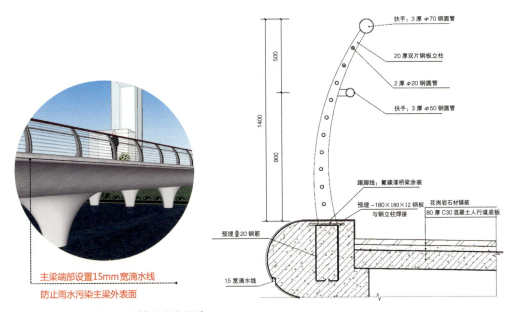

图 5.2-24　三多涌 15 号桥滴水线设计
图片来源：武汉市政工程设计研究院有限责任公司

5.3 义沙涌桥梁

义沙涌：17、18、19、20、21、22 号桥

- 南、北段义沙涌在海洋、海洋文明的元素主题、横向舒展的要求之下，分别发展出各自和谐的桥梁序列。
- 整体造型不过分突出，桥墩、主梁造型简洁，栏杆差异化设计。

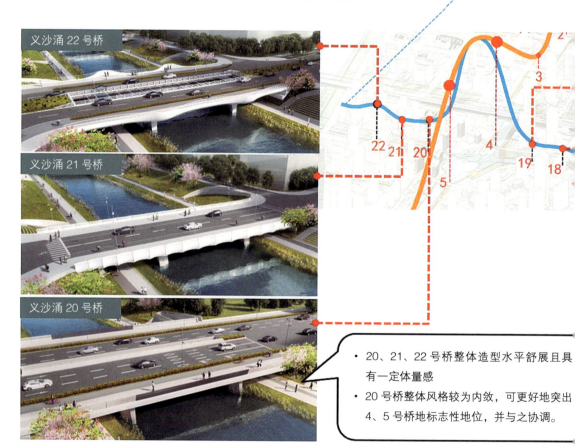

- 20、21、22 号桥整体造型水平舒展且具有一定体量感
- 20 号桥整体风格较为内敛，可更好地突出 4、5 号桥地标志性地位，并与之协调。

义沙涌桥梁处于居住与商务区的过渡区域，与中轴涌的交汇处是 04+05 号双子桥。04+05 号桥是内河涌桥梁标志性最强的一组桥梁，适当强调纵向的标志性，同时位于城市的重点公园当中。因此与之相邻的 19、20 号桥需要相对弱化。同时由于中轴涌的分隔，南北两段的桥梁群仍然可在相同的主题元素下，形成有差异的群体序列。

目前义沙涌各桥梁均强调横向舒展，以海上文明、海上商贸为主题理念，与设计指引文件要求匹配。

义沙涌北段的 17、18、19 号桥以相似的主梁形态和轻盈的纵向栏杆构件，表达海浪、龙骨元素，相似的设计语言，形成协调的桥梁群体形象。

相对而言，义沙涌北段、义沙涌南段的 20、21、22 号桥更具有体量感。通过描绘涟漪、浪卷白沙、海平面、海鸟等典型海洋景象，三座桥梁兼具现代公共艺术品的气质，有如进入金融岛的序曲（图 5.3-1）。

图 5.3-1　义沙涌 17、18、19、20、21、22 号桥
图片来源：奥雅纳制作，效果图来自广州市市政工程设计研究总院有限公司、广东省建筑设计研究院有限公司

义沙涌 17 号桥

整体造型

义沙涌 17 号桥位于支路。方案以海上文明、海上商贸为主题理念（图 5.3-2），采用船舶龙骨的构造为设计元素，将桥梁与船舶互相结合。桥体设计特点简洁流畅、水平舒展。桥梁两侧围合成一艘海上航行的船只，带领着新城勇往向前。

设计当中简化和统一桥梁设计要素，桥体结构、栏杆造型、景观细节整体考虑。主梁采用斜腹板梁形式，与栏杆和桥墩风格统一，过渡流畅，整体效果能够突出其主题风格（图 5.3-3）。

>> 设计感想：

以南沙"海洋"文化为主题，结合 18 号桥，将相邻的 17 号、19 号桥作为一个整体形象进行设计。两座桥墩梁形式简洁，可行性高，并巧妙运用"波浪"概念，对栏杆变化进行韵律协调，营造出整体的律动与个体的不同。

"南沙航舟"

海上商贸的历史

商贸船只的骨架

骨架的线条

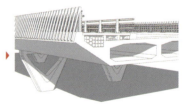

图 5.3-2 义沙涌 17 号桥设计概念
图片来源：广州市市政工程设计研究总院有限公司

图 5.3-3　义沙涌 17 号桥效果图
图片来源：广州市市政工程设计研究总院有限公司

桥梁立面

17 号桥采用斜腹板预应力混凝土箱梁、等高形式，梁高 1.4m。跨径布置为 16.5m+26m+16.5m=59m。全幅桥横断面布置为：4.0m（人行道）+2.5m（非机动车道）+7.0m（车行道）+2.5m（非机动车道）+4.0m（人行道）=20m。

斜腹板造型从视觉上可以减少常规梁型的压抑感，缩小梁外侧的结构高度，改善梁底空间的日照条件。

义沙涌 18 号桥

整体造型

义沙涌 18 号桥位于主干道大元路，主题元素同样取自海洋文明和海上贸易，采用曲线构件，有韵律地排列构成具有动态的波浪状整体桥型（图 5.3-4）。

桥梁立面结合外立面栏杆造型采用预应力混凝土现浇箱梁，桥梁结构与细部构造融合多个意象，整体呈现多样的曲线要素，桥身与桥墩形态简洁流畅，更具流动感。栏杆造型独特，不同色彩、疏密的金属栏杆结合高低起伏，与海洋波浪造型相呼应，整个桥型充满活力（图 5.3-5）。

桥梁立面

义沙涌 18 号桥西侧距离交叉口较远，东侧距离交叉路口近，桥宽标准段为 42.0m，体量较大，分为左右两幅桥。采用三跨结构形式，跨径组合为 19m+26m+18m，中跨与边跨之比为 0.70 左右。

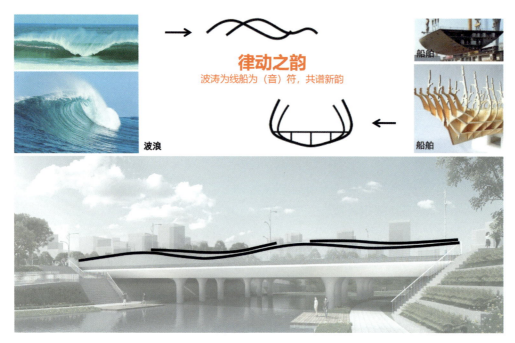

图 5.3-4　义沙涌 18 号桥设计概念
图片来源：广州市市政工程设计研究总院有限公司

>> 设计感想：

义沙涌 18 号桥栏杆的设计提升了整个桥梁的景观，不同维度的直线型杆件排列组合，使桥梁形态更为具立体感，栏杆波浪起伏，远看既像波浪，又像渔网，体现了南沙"水乡""渔乡"的特色。

图 5.3-5　义沙涌 18 号桥效果图
图片来源：广州市市政工程设计研究总院有限公司

根据《南沙横沥岛尖跨河涌景观桥梁群设计指引》的要求，主梁采用带悬臂箱梁，变高度箱折线侧面减少对桥身厚度的感知，使其更轻盈，更好地将太阳光引入桥底。同时结合中分带的1.5m宽镂空区域，进一步改善日间桥下采光条件（图5.3-6）。

桥墩造型（图5.3-7）与上部结构装饰风格统一，延续主桥造型的曲线变化，在立面上由上至下逐渐收拢，简洁的造型与桥梁整体景观相协调。色彩整体为混凝土原色，表面喷涂混凝土防腐漆。

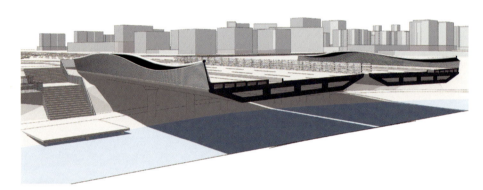

图 5.3-6　义沙涌 18 号桥横断面模型效果
图片来源：广州市市政工程设计研究总院有限公司

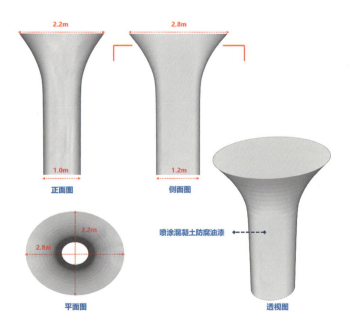

图 5.3-7　义沙涌 18 号桥桥梁造型
图片来源：广州市市政工程设计研究总院有限公司

义沙涌 19 号桥

整体造型

义沙涌 19 号桥位于支路，以印象南沙为主题（图 5.3-8），桥梁栏杆竖向杆件和景观照明复合设置，立面采用曲线造型景观形式，从桥梁细部展现南沙桥梁的海洋文化地域风采（图 5.3-9）。该桥以点的元素构成大海的轮廓，以含蓄的手法表达对于海洋的情感（图 5.3-10）。

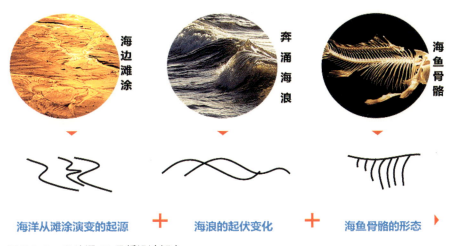

图 5.3-8　义沙涌 19 号桥设计概念
图片来源：广州市市政工程设计研究总院有限公司

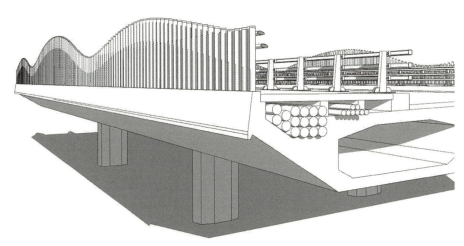

图 5.3-9　义沙涌 19 号桥栏杆造型
图片来源：广州市市政工程设计研究总院有限公司

>> 设计感想：

19号桥非常注重慢性空间，也重视其与市政道路的连续性与贯通性。对于桥台后栏杆的衔接部分情况进行充分考虑，如市政道路和下坡楼梯采用简化栏杆，亲水平台不设栏杆等，确保与周边环境衔接自然流畅。

图 5.3-10　义沙涌 19 号桥效果图
图片来源：广州市市政工程设计研究总院有限公司

桥梁立面

主桥上部结构（图5.3-11）与17、18号桥相同，均采用斜腹板梁、等高主梁，梁高1.4m。跨径布置为16m+22m+13m=51m。

全幅桥横断面布置为：4.0m（人行道）+2.5m（非机动车道）+7.0m（车行道）+2.5m（非机动车道）+4.0m（人行道）=20m。

桥墩方案（图5.3-12）切面的造型与上部结构装饰风格统一，断面采用八边形形式，与桥梁整体景观相协调。

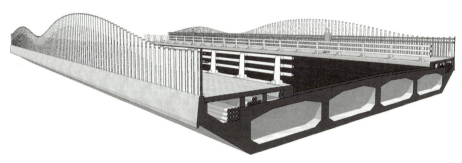

图5.3-11 义沙涌19号桥模型效果
图片来源：广州市市政工程设计研究总院有限公司

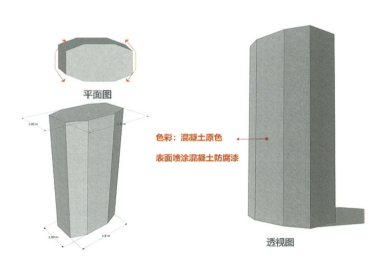

图5.3-12 义沙涌19号桥桥墩造型
图片来源：广州市市政工程设计研究总院有限公司

义沙涌 20 号桥

整体造型

义沙涌 20 号桥位于主干道横沥中路，区位功能上连接商业居住和商业总部功能区。设计单位以"折纸"式的设计手法，突出桥体的力量感。整体造型概念由飞翔的海鸟，舒展的海平面以及伸向远方的栈道等滨海意象构成，意欲突出桥体造型的平静稳定、水平舒展、意蕴悠远的特点，体现力与美（图 5.3-13、图 5.3-14）。

桥梁立面

设计采用 3 跨的跨径组合，中跨大于边跨，比例协调，造型统一。桥梁跨径组合为 15m+24m+15m，边中跨比约为 0.62，桥墩放置在堤岸和滨水步道之间，桥墩基础与水工结构（挡土墙）不冲突。桥墩采用变截面异形桥墩，桥墩与上部结构固接。桥台采用直立式台身，下部基础为灌注桩基础。主梁采用预应力混凝土结构，采用现场支架现浇的施工工艺。墩台采用现场浇筑，施工工艺成熟，安全可靠（图 5.3-15、图 5.3-16）。

图 5.3-13 义沙涌 20 号桥效果图
图片来源：广东省建筑设计研究院有限公司

5 南沙横沥岛尖景观桥梁群方案成果赏析 203

图 5.3-14 义沙涌 20 号桥设计概念
图片来源：广东省建筑设计研究院有限公司

图 5.3-15 义沙涌 20 号桥立面效果图
图片来源：广东省建筑设计研究院有限公司

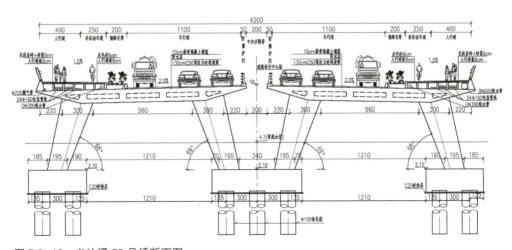

图 5.3-16 义沙涌 20 号桥断面图
图片来源：广东省建筑设计研究院有限公司

义沙涌 21 号桥

整体造型

义沙涌 21 号桥位于支路，设计灵感源于泛着涟漪的水面（图 5.3-17、图 5.3-18）。桥墩造型简洁有力，圆弧型的栏杆挡板模拟微风吹拂水面的动态。概念意象转译自水面的涟漪和海面起伏的波纹，造型设计主要以圆弧型的栏杆挡板模拟微风吹拂水面的动态进行表达，主梁、桥墩造型相对简化。桥身主色调为白色，整体上统一运用圆弧元素，突出涟漪的设计主题。

桥梁立面

设计采用 3 跨的跨径组合，中跨大于边跨，比例协调，造型统一。桥梁跨径组合为 15+24+15m，边中跨比约为 0.62，桥墩放置在堤岸和滨水步道之间，桥墩基础与水工结构（挡土墙）不冲突。上部桥身结构横向舒展，桥墩造型与桥身连为一体（图 5.3-19、图 5.3-20）。

图 5.3-17 义沙涌 21 号桥效果图
图片来源：广东省建筑设计研究院有限公司

概念意象

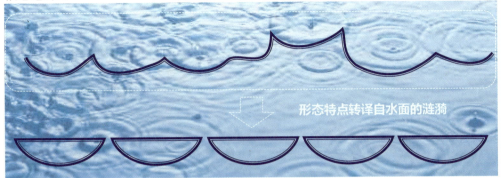

图 5.3-18　义沙涌 21 号桥设计概念
图片来源：广东省建筑设计研究院有限公司

图 5.3-19　义沙涌 21 号桥立面效果图
图片来源：广东省建筑设计研究院有限公司

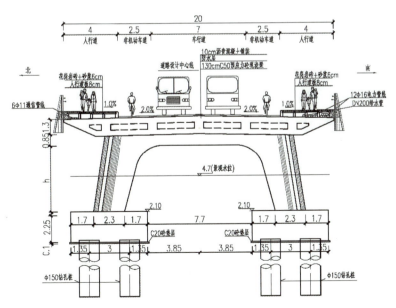

图 5.3-20　义沙涌 21 号桥断面图
图片来源：广东省建筑设计研究院有限公司

义沙涌 22 号桥

义沙涌 22 号桥位于次干路金融大道，是义沙涌上的重点桥梁。桥梁设计以"浪卷白沙"为概念，捕抓并定格了海浪翻卷的优雅姿态，用抽象和洗练的设计语言转译这一瞬间的动态：桥墩上方的桥面放大平台，由主梁延伸向上的实栏板构成了 22 号桥桥醒目的一体化造型设计（图 5.3-21、图 5.3-22）。

设计采用 3 跨的跨径组合，中跨大于边跨，比例协调，造型统一。22 号桥的跨径组合为 15m+24m+15m，边中跨比约为 0.62。桥墩采用变截面异形桥墩，桥墩与上部结构固接。桥台采用直立式台身，下部基础为灌注桩基础。主梁采用预应力混凝土结构，采用现场支架现浇的施工工艺。墩台采用现场浇筑，施工工艺成熟，安全可靠（图 5.3-23）。

图 5.3-21　义沙涌 22 号桥效果图
图片来源：广东省建筑设计研究院有限公司

图 5.3-22　义沙涌 22 号桥整体造型概念
图片来源：广东省建筑设计研究院有限公司

断面设计

22号桥为双幅。休息平台局部变宽断面,总宽度为36～40.5m,单幅桥横断面布置为:2.75～5m(人行道)+2.5m(非机动车道)+1.5m(侧绿化带)+7.25m(车行道)+0.5m(防撞护栏)+7/2m(中央分隔带)=18～20.25m。桥梁采用15m+24m+15m的预应力混凝土连续刚构,上部结构为单箱五室箱梁结构,梁高1.3m。外侧结构高度缩小,满足咨询意见中关于桥梁横断的要求。桥墩采用异形桥墩,墩顶为矩形截面、圆曲面扩头。桥台和桥墩均采用直径1.8m的桩基(图5.3-24)。

造型细节

金融大道下方的地下环路隧道结构覆土较薄,上方空间不满足做桥墩地梁的高度要求,将左右幅桥梁拉开一定的距离,避让地下环路隧道结构。因此两幅桥内侧桥墩落位位置间距较宽,为避免过宽的中分带影响整体造型和第五立面,在中分带之间设置柔性连接的格栅,从视觉上减小中分带过宽的视觉感受。同时为保证桥下行人的安全,在两端上盖玻璃遮盖。中分带内滨水过道顶玻璃表面顺桥向设置0.5%的纵坡以实现排雨污水(图5.3-25)。

桥上慢行空间

义沙涌22号桥位于金融大道次干道上,在桥上慢行空间中做出变化(图5.3-26)。桥面机动车、非机动车及行人分道行驶,保证安全性;慢行空间与周边道路线形连贯畅通。桥上慢行空间局部放大,在保障步行、

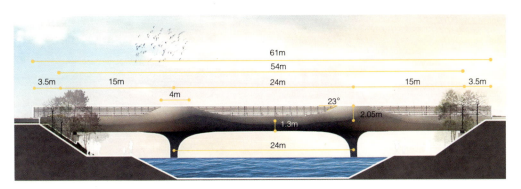

图5.3-23 义沙涌22号桥桥梁立面效果图
图片来源:广东省建筑设计研究院有限公司

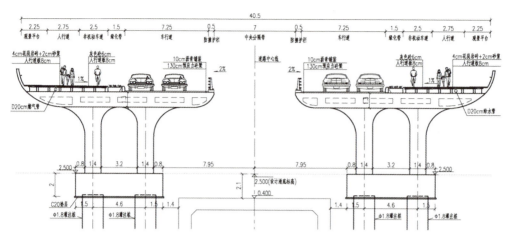

图 5.3-24　义沙涌 22 号桥横断面设计
图片来源：广东省建筑设计研究院有限公司

图 5.3-25　义沙涌 22 号桥中分带设计
图片来源：广东省建筑设计研究院有限公司

图 5.3-26　义沙涌 22 号桥桥上空间效果图
图片来源：广东省建筑设计研究院有限公司

自行车行的连贯性的前提下提供桥面驻留空间。为了提升人行体验，在慢行与车行间种植绿植，隔离噪声废气影响，通透轻盈的护栏保证桥体外观的轻盈和行人视线的通透，打造舒适宜人的桥上空间；在桥上可览观桥下灯光装置，与亲水平台形成互动。

5.4 长沙涌桥梁

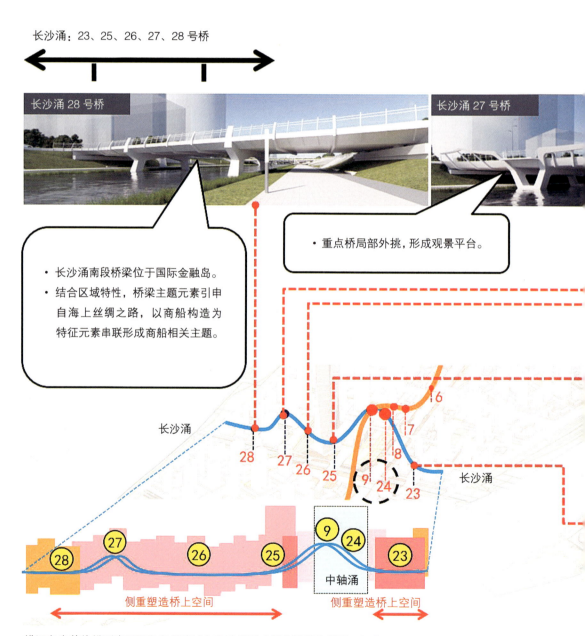

长沙涌：23、25、26、27、28号桥

长沙涌28号桥

长沙涌27号桥

- 长沙涌南段桥梁位于国际金融岛。
- 结合区域特性，桥梁主题元素引申自海上丝绸之路，以商船构造为特征元素串联形成商船相关主题。

- 重点桥局部外挑，形成观景平台。

侧重塑造桥上空间　　侧重塑造桥上空间

横沥岛尖整体模型底图导出自华建城市设计模型"明珠湾整体模型.skp"

长沙涌西侧为科创商务功能区、商务总部功能区，东侧为休闲港湾功能区、会议论坛功能区，与中轴涌交汇处为强调水平延展的09+24号桥，同时河涌中部邻近全岛的制高点600m超高层的区域，周边的桥梁需要避免纵向上过分突出。

与义沙涌相同，由于中轴涌的分隔，长沙涌南北两段的桥梁群仍然可在相同的主题元素下，形成有所差异的群体序列。

目前，南、北段长沙涌在海洋商贸、海洋文明的元素主题、横向舒展的要求之下，分别发展出各自和谐的桥梁序列：

- 北段仅包括23号桥，处于商业中心、创意园、文化中心之间且临近规划的码头，设计意象则融合出港的商船、海洋生物元素形成简洁大方而趣味的形象。

- 南段为25、26、27、28号桥，整体以商船龙骨为主要概念意象，不同的桥梁再在此基础上进一步融入南沙、海洋文明的其他特色元素（图5.4-1）。

- 南、北段义沙涌在海洋、海洋文明的元素主题、横向舒展的要求之下，分别发展出各自和谐的桥梁序列。
- 整体造型不过分突出，桥墩、主梁造型简洁，栏杆差异化设计。

与义沙涌的相同

沙涌26号桥

沙涌25号桥

- 设计主题：鲸海赞曲（鲸尾+船首，自然与人的和谐共生）

沙涌23号桥

图5.4-1 长沙涌23、25、26、27、28号桥
图片来源：奥雅纳制作，效果图来自广东省建筑设计研究院有限公司、广州市市政工程设计研究总院有限公司

长沙涌 23 号桥

整体造型

长沙涌 23 号桥位于商业中心、创意园和文化中心之间，该区域未来将以文化商业为特点，侧重于文化展示功能，桥型整体以现代简约的直线，烘托城市现代化建设氛围（图 5.4-2）。设计从海洋生物、船舶构造提取元素，与桥身桥墩构造相结合。桥身整体设计流线简洁顺畅，如同一个整体。从远处看，桥墩从水平面向上延伸，由窄变宽，与桥身形成一体，犹如鲸鱼的尾巴在托举着桥身。近处看，桥墩自下而上，向两侧延伸与桥身形成两个突起造型，如同几艘船正航行于海面，鲸尾＋船首组成"鲸海赞曲"主题（图 5.4-3）。

图 5.4-2　长沙涌 23 号桥设计概念
图片来源：广州市市政工程设计研究总院有限公司

长沙涌 23 号桥还从大海波浪提取灵感运用于栏杆整体设计,通过每一块零件旋转、排列,视觉上充满变化,随着视线的移动,栏杆的图案也会一起改变,有如律动的海浪(图 5.4-4)。

图 5.4-3 长沙涌 23 号桥效果图
图片来源:广州市市政工程设计研究总院有限公司

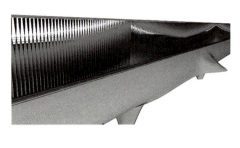
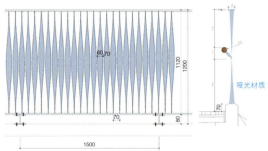

图 5.4-4　长沙涌 23 号桥栏杆设计
图片来源：广州市市政工程设计研究总院有限公司

>> 设计感想：

每一座桥梁都具有使用和观赏两方面的功能。结构工程师过分重视桥梁结构的安全系数及施工的简易而忽略桥梁在风景中的美感，这样的设计结果往往会带来桥梁造型笨拙，满足不了现今人们对桥梁的新需求。结构工程师应该与建筑师充分沟通，避免采用过多的建筑装饰构件，这样才能做出精品工程。

桥梁立面

长沙涌 23 号桥采用 3 跨结构形式，跨径组合 18m+24m+18m，中跨与边跨之比为 0.75。桥梁立面采用等高度度箱梁，桥墩造型与桥梁上部结构造型匹配，形态简洁、视线通透，与周边环境协调。桥墩采用异形三边形柱墩，主梁悬臂在桥墩处尖角造型与桥墩造型呼应，整个桥型简洁大方。

断面设计

2.5m（人行道）+1.0m（绿化带）+2.5m（自行车道）+2.0m（绿化带）+14.5m（车行道）+3.0m（中央分隔带）+14.5m（车行道）+2.0m（绿化带）+2.5m（自行车道）+1.0m（绿化带）+2.5m（人行道）=48.0m。

变高度箱梁弧形侧面减少对桥身厚度的感知，使其更轻盈，更好地将太阳光引入桥底。配合中分带镂空区域，进一步改善桥下采光条件（图 5.4-5、图 5.4-6）。

>> 设计感想：

义沙涌 23 号桥桥墩设计是本桥的亮点，其切面的造型与上部结构装饰风格统一，延续主桥造型的起伏变化，断面采用圆角菱形的形状，自下而上逐渐扩大，与主梁融为一体，给人耳目一新的感觉。

图 5.4-5　长沙涌 23 号桥模型效果
图片来源：广州市市政工程设计研究总院有限公司

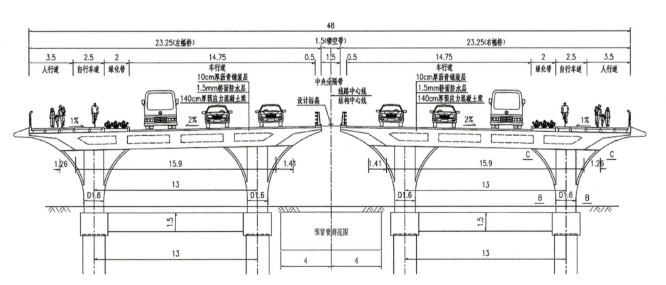

图 5.4-6　长沙涌 23 号桥断面图
图片来源：广州市市政工程设计研究总院有限公司

长沙涌 25 号桥

整体造型

长沙涌 25 号桥位于主干路横沥中路，毗邻商务总部功能区和会议论坛功能区，为一般性桥梁（图 5.4-7），着重考虑会议论坛功能区对南沙现代城市形象和古代人文特色的展示。该桥的设计概念为"龙舟船浪"（图 5.4-8），灵感源自南沙古时贸易木商船和传统龙舟的构造，整体形态模拟船行时溅起的船浪，反映的是南沙作为重要贸易港口的辉煌历史，并延续龙舟竞渡传统的水乡风情。

造型圆滑的龙骨构造从底部自然延伸至桥面，至桥面以上演变为栏杆

图 5.4-7　长沙涌 25 号桥效果图
图片来源：广东省建筑设计研究院有限公司

立杆。同时栏杆的高度呈曲线起伏，模拟浪花的动感。圆截面的桥墩往上收窄，进一步强化了桥身轻盈的视觉感受（图5.4-9）。

桥梁立面

设计采用3跨的跨径组合，中跨大于边跨；上部结构横向舒展，轻巧地落在桥墩上；比例协调，造型统一。桥梁跨径组合为18m+24m+18m，边中跨比约为0.75。桥墩采用变截面圆形桥墩，桥墩与上部结构固接。桥台采用直立式台身，下部基础为灌注桩基础。主梁采用预应力混凝土结构，采用现场支架现浇的施工工艺。墩台采用现场浇筑，施工工艺成熟，安全可靠。

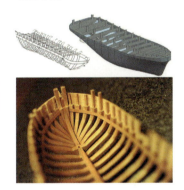

图5.4-8 长沙涌25号桥设计概念
图片来源：广东省建筑设计研究院有限公司

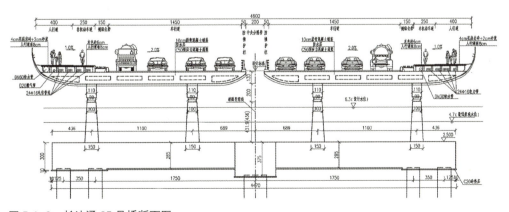

图5.4-9 长沙涌25号桥断面图
图片来源：广东省建筑设计研究院有限公司

长沙涌 26 号桥

整体造型

26 号桥位于支路上，毗邻商务总部功能区和会议论坛功能区，为一般性桥梁，着重考虑会议论坛功能区对南沙现代城市形象和古代人文特色的展示。桥梁的设计灵感来源于南沙祠堂头门层层叠叠的斗栱排架意象，形态上延续长沙涌桥梁群"商船船体"的共同主题，突出横向龙骨构件的特点（图 5.4-10、图 5.4-11）。

弯折的龙骨构件从桥底伸向桥面，延伸至桥面以上时演化为栏杆立杆，桥墩上的龙骨位置稍微靠下，形成高低错落的微妙视觉感受。桥墩四向的凹槽细节消解了过于粗大的体量，造型上呼应了榫卯结构的特点。

桥梁立面

设计采用 3 跨的跨径组合，中跨大于边跨，比例协调，造型统一。桥梁跨径组合为 18m+24m+18m，边中跨比为 0.75。桥墩采用带凹槽的矩形截面，由上至下为等截面，桥墩与上部结构固接。桥台采用直立

图 5.4-10 长沙涌 26 号桥效果图
图片来源：广东省建筑设计研究院有限公司

式台身，下部基础为灌注桩基础。主梁采用预应力混凝土结构，采用现场支架现浇的施工工艺。墩台采用现场浇筑，施工工艺成熟，安全可靠（图 5.4-12）。

灵感来源

图 5.4-11　长沙涌 26 号桥设计概念
图片来源：广东省建筑设计研究院有限公司

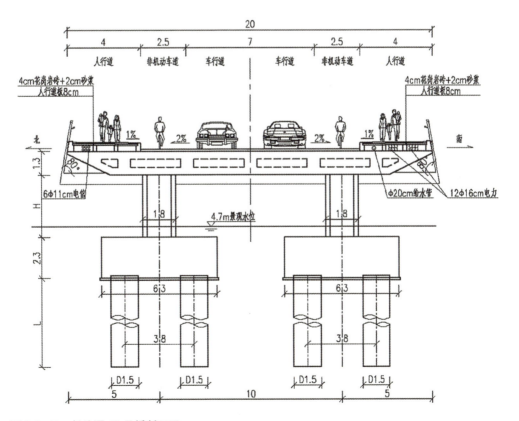

图 5.4-12　长沙涌 26 号桥断面图
图片来源：广东省建筑设计研究院有限公司

长沙涌 27 号桥

整体造型

长沙涌 27 号桥位于次干道金融大道,毗邻商务总部功能区和会议论坛功能区,是长沙涌的重点桥梁。作为通往 IFF 永久会址前的最后一座桥梁,着重考虑会议论坛功能区对南沙现代城市形象和古代人文特色的展示。结合商船龙骨的桥梁群体整体意象,融入航行的船舶上伴行的海鸟灵感,形成"海鸥展翅"设计概念(图 5.4-13、图 5.4-14)。

桥梁设计采用了极具视觉冲击力的不对称两跨结构设计,突出桥体轻盈飞升的整体感觉。同时,巧妙地利用开叉桥墩上部的桥面空间,局部放大桥面形成观景休憩平台,达到建筑美学、结构理性和功能优化的统一。

图 5.4-13　长沙涌 27 号桥效果图
图片来源:广东省建筑设计研究院有限公司

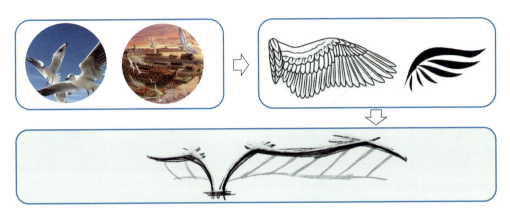

图 5.4-14　长沙涌 27 号桥设计概念
图片来源：广东省建筑设计研究院有限公司

桥梁立面

设计采用 2 跨的跨径组合，主跨大于边跨，比例协调，造型统一。桥梁采用跨径组合为 15m+36m 的连续钢箱梁桥。采用 V 形桥墩，桥墩采用矩形变截面，桥墩顶设置横梁，横梁与上部结构间采用支座连接。桥台采用直立式台身，下部基础为灌注桩基础。钢箱梁采用工厂预制，现场支架上拼接的施工工艺，墩台采用现场浇筑，施工工艺成熟，安全可靠（图5.4-15）。

断面设计

27 号桥梁为双幅，单幅桥横断面布置为：3.0m（人行道）+2.75m（非机动车道）+2.0m（侧绿化带）+10.75m（车行道）+0.5m（防撞墙）+2.0m/2（中央分隔带）=20.0m。

结合方案造型设计，桥梁上部结构为单箱八室钢箱梁结构，梁高1.3m。桥墩采用 V 形桥墩，墩柱采用矩形变截面。桥台采用直径1.8m 的桩基，桥墩采用直径1.5m 的桩基（图5.4-16）。

由于金融大道下方的地下环路隧道结构覆土较薄，上方空间不满足做桥墩地梁的高度要求，将桥墩横向拉开一定的距离，避让地下环路隧道结构。下部桩基与地下环路的净距不小于1m，可先施工桩基，再施工地下环路。

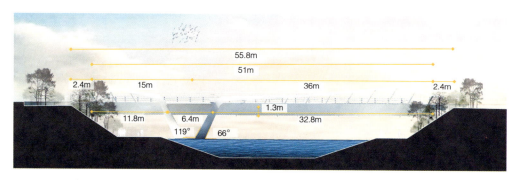

图 5.4-15 长沙涌 27 号桥立面效果图
图片来源：广东省建筑设计研究院有限公司

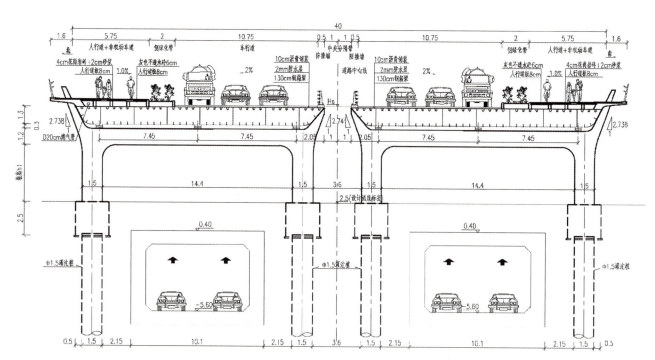

图 5.4-16 长沙涌 27 号桥桥型布置图
图片来源：广东省建筑设计研究院有限公司

长沙涌 28 号桥

整体造型

28 号桥位于支路，毗邻商务总部功能区和会议论坛功能区，为一般性桥梁。灵感源自船坞中蓄势待发的航船构架，形成"商船龙骨"的概念。龙骨构架主次分明，位于桥墩上的主龙骨与桥墩一体化设计，从下往上逐渐收窄，整体造型富于节奏感。龙骨构架向上承托的态势在视觉上突出桥体的轻盈，整体形象现代简洁（图 5.4-17、图 5.4-18）。

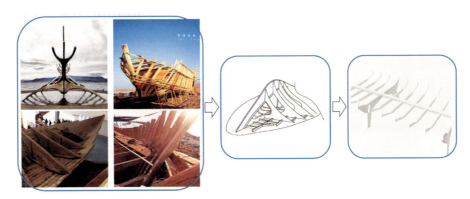

图 5.4-17 长沙涌 28 号桥设计概念
图片来源：广东省建筑设计研究院有限公司

图 5.4-18 长沙涌 28 号桥效果图
图片来源：广东省建筑设计研究院有限公司

桥梁立面

设计采用3跨的跨径组合,中跨大于边跨,比例协调,造型统一。桥梁跨径组合为18m+24m+18m,边中跨比为0.75。桥墩采用变截面矩形墩,桥墩与上部结构固接。桥台采用直立式台身,下部基础为灌注桩基础。主梁采用预应力混凝土结构,采用现场支架现浇的施工工艺。墩台采用现场浇筑,施工工艺成熟,安全可靠(图5.4-19、图5.4-20)。

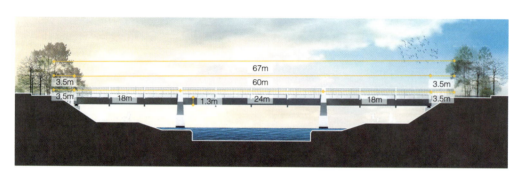

图5.4-19 长沙涌28号桥立面效果图
图片来源:广东省建筑设计研究院有限公司

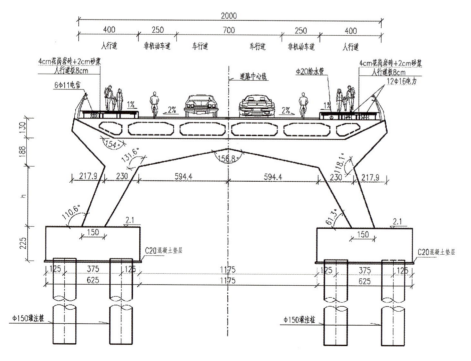

图5.4-20 长沙涌28号桥断面图
图片来源:广东省建筑设计研究院有限公司

附件　南沙横沥岛尖跨河涌景观桥梁群设计指引附表　6

6.1 南沙横沥岛尖跨河涌景观桥梁群设计指引设计要求汇总表
6.2 广州南沙横沥岛尖桥梁工程技术咨询工作联系表
6.3 广州南沙横沥岛尖桥梁设计文件基本信息表
6.4 广州南沙横沥岛尖桥梁方案阶段成果质量要求（建筑景观造型）
6.5 广州南沙横沥岛尖桥梁方案阶段成果提交要求
6.6 广州南沙横沥岛尖桥梁方案阶段（建筑景观部分）成果检验表
6.7 广州南沙横沥岛尖桥梁正负面清单格式
6.8 广州南沙横沥岛尖桥梁方案阶段进度计划表格式
6.9 广州南沙横沥岛尖桥梁总师方案阶段管理办法

6.1 南沙横沥岛尖跨河涌景观桥梁群设计指引设计要求汇总表

					标志性桥梁		
桥梁等级							
桥梁编号							
桥梁编组					02	14	04
					02+14		04+0

3.1 设计要求总论								
3.2 桥梁整体造型	整体主题元素及形象	总体要求		符合桥梁策划提出的"蜕变"主题，映射横沥岛生长意象				
				整体形象应符合桥梁策划对桥梁景观重要性定位、分组、桥梁形象及总体策略要求				
				单体不限定具体的桥梁造型主题元素，应与中轴涌景观设计的分段主题呼应和协调				
			中轴涌车行桥	组合模式	2座桥以相同/相似的造型	√	—	
					2座桥相互呼应	—	√	
				形象要求	简化桥梁造型，控制桥上构筑物高度	—	—	—
					通过强调夜景照明和互动装置设计，与一般性桥梁加以区分	—	—	—
					简化桥梁造型，采用平桥	—	—	—
				其他要求	立体交往空间	—	—	—
			三多涌义沙涌长沙涌车行桥	主题元素	三多涌：周边自然生态和渔农生活（植物、农作物等），采用曲线/面或以圆角相接的直线/面构成的轻盈舒展的且具有一定雕塑感的整体桥型			
					义沙涌、长沙涌：海洋文明、海上商贸相关元素，运用于桥梁整体造型，重点突出桥梁上部结构的横向舒展			
				形象要求	整体桥梁形象简洁，优雅，轻盈舒展，近人尺度下，可通过细部设计（如肌理的变化、栏杆设计等），强化意象			
					三多涌：桥墩至上部结构构成形态连续的视觉效果，形态流畅，整体桥梁形象形成植物向上生长的态势，并具有一定雕塑感			
					义沙涌、长沙涌：整体形态强调上部结构的横向舒展，形成上部结构轻巧地落在桥墩上的视觉感受			
				其他要求	桥下沿河涌方向，视线尽可能通透，以改善步行体验			

中轴涌车行桥						三多涌、义沙涌、长沙涌车行桥				备注	关联项（与本设计知道技术文件其他设计要求相关联）
	次重点桥梁		一般性桥梁			三多涌		义沙涌、长沙涌			
						重点桥梁	一般性桥梁	重点桥梁	一般性桥梁		
05　09　24									17、18、		
09+24	07	08	01	03	06	12	10、11、13、15、16	22、27	19、20、21、23、25、26、28		
	√							—			
	√							—			
	√							—			
—	√	—	—	—	—	—					
—	—	—	—	—	—	—					
—	—	√	√	—	—	—					
—	—	—	—	—	—	—				本项针对中轴涌次重点桥梁（由于邻近滨水商业区的次景观节点，推荐通过强调夜景照明和互动装置设计，与中轴涌一般性桥梁加以区分）	
—	—	—	√	√	√	—					
—	—	—	—	—	—	—					
—						√		—			
—						—		√			
—						√					
—						√					
—								√			
—						√					

				桥梁等级		
				桥梁编号		标志性桥梁
				桥梁编组		02 | 14 | 04
						02+14 | 04+0
3.2 桥梁整体造型	跨径组合	通用要求		综合各项影响因素选择合适的跨径组合和结构形式		
				如非必要,应避免在河中设置桥墩		
		桥梁跨数		依据设计灵活选择跨数		
				1跨或2跨		
				3跨		
	平面形态	慢行空间形态可变	慢行线位变化			
			局部扩大			
			高差变化			
		慢行空间宽度不变				
	横断面形态	中分带		结合道路条件,局部/全部设置采光井		
				兼顾道路景观连续性		— | — | —
		桥梁横断面		外侧结构高度缩小的形态		
				利用结构出挑形成的阴影,降低上部结构视觉高度		
	桥墩	形态简洁				
		垂直河岸方向视线通透				
		与桥梁上部结构造型匹配				
	桥台	衔接方式与周边环境协调				

续表

中轴涌车行桥						三多涌、义沙涌、长沙涌车行桥				备注	关联项（与本设计知道技术文件其他设计要求相关联）
	次重点桥梁		一般性桥梁			三多涌		义沙涌、长沙涌			
						重点桥梁	一般性桥梁	重点桥梁	一般性桥梁		
05	09	24	07	08	01	03	06	12	10、11、13、15、16	22、27	17、18、19、20、21、23、25、26、28		
	09+24												
			✓								如桥梁跨度、比例、净高要求、经济性、河道通航、防洪排涝、景观重要性、桥梁整体造型等	
			✓									
✓					—							
—					—			—			三多涌重点桥梁如经计算，1跨或2跨的跨径组合均无法同时满足结构、通航、人行净空、结构设计等各专业要求，则参照"一般要求3）"的跨径比例要求，采用3的跨径组合；义沙涌、长沙涌重点桥梁位于金融大道，强调桥上空间的疏朗通透，侧重桥上空间的细部刻画，跨径组合应根据整体造型设计进行选择且不多于3跨	
—					—			—				
			×	×	×	×	×	×		×		3.5慢行空间-桥上慢行空间
			×	×	×	×	×		×		×	
			×	×	×	×	×	×		×		
			✓	✓	✓		✓		✓		✓	
				✓							道路中分带有条件设置采光井时，应结合中分带种植设计	3.6灯光设计
—	—	—	—	—	—	—	—	✓	—	义沙涌、长沙涌重点桥梁处于城市景观大道中，采光井的设置范围应结合金融大道整体景观空间考虑，兼顾道路景观的连续性	3.8可持续发展-种植设计
			✓									
			✓									
			✓									3.5慢行空间-桥下慢行空间
			✓									
			✓									
			✓									

			桥梁等级				
			桥梁编号			标志性桥梁	
			桥梁编组		02	14	04
					02+14		04+●
3.3 桥梁外观要求	铺装	设计风格要求	特色铺装设计				
			沿用或小幅度变化周边人行道铺装				
		铺装衔接要求	一般要求	铺装交接时应顺畅、自然			
				当桥上铺装与城市人行道铺装存在差异时,应在周边道路增设过渡段			
				当桥梁铺装与桥梁伸缩缝交接时,仍应单独在交接处进行收边,确保铺装边界的精致感以及铺装的完整性			
			模块式铺装衔接要求	1)特色铺装在铺设之前应在现场进行标准断排版测试,较为复杂拼接方式(或大量异形切割)需在工厂预排版,保证铺装完工的最佳效果 2)铺装收边转角处可做L形处理或使用45°斜角拼贴铺装			
			现浇式铺装衔接要求	1)现浇铺装应确保现场浇筑时,面层厚度一致,且满足所需排水坡度 2)现浇铺装与不同材质或不同颜色交接应设置分割条,确保分界线的精致感 3)水磨石或水洗石若无特殊设计,颗粒应散布均匀、细腻			
		铺装品质把控		对施工铺设步骤及交接细节处理进行品质管控,包括铺设方式要求、材料防滑要求以及相应的无障碍设计要求			
			施工图阶段应预知石材铺设的潜在问题	1)石材铺设至边角时,应保证石材最小模块不得小于标准模块的1/4或1/3(长边1/4,短边1/3) 2)花岗石与仿石材材料铺设至边角时,过小石材应与相邻石材定制为整块超规格石材 3)应通过特色的拼接方式解决边角交接问题			
		铺装图案及色彩控制	一般要求	铺装图案、色彩不可过于鲜艳、花哨,应与桥梁整体风格协调一致,以及与横沥岛尖整体色彩风格匹配			

续表

中轴涌车行桥						三多涌、义沙涌、长沙涌车行桥				备注	关联项（与本设计知道技术文件其他设计要求相关联）
	次重点桥梁		一般性桥梁			三多涌		义沙涌、长沙涌			
						重点桥梁	一般性桥梁	重点桥梁	一般性桥梁		
05　09　24	07	08	01	03	06	12	10、11、13、15、16	22、27	17、18、19、20、21、23、25、26、28		
09+24											
			×			×		×			
			✓			✓		✓			
			✓							铺装不可强行打断衔接（如材质、色彩突变）	
			✓							如增设渐变段、特色的铺装等交接方式进行衔接	
			✓								
			✓							如天然石材、人造石材等块材	
			✓							如混凝土、沥青、水洗石、水磨石等	
			✓								
			✓								
			✓								

			桥梁等级				
			桥梁编号			标志性桥梁	
			桥梁编组			02	14	04
						02+14	04+0…
3.3 桥梁外观要求	铺装	铺装图案及色彩控制	一般要求	反映特色元素的铺装材料，印刻的内容应简明，不应过于明显或杂乱			
				深色铺装可少量穿插使用，不应大面积使用；彩色铺装应确保颜色与周边环境统一协调			
			铺装灰度范围控制	从使用者的角度，应综合考虑视觉舒适度及环境体感温度，选择合适的铺装灰度以及合适的材质			
				铺装灰度的选择不应大面积使用颜色较浅的铺装			
				降温铺装建议采用表面颗粒状有气孔的铺装。相对于深色、表面较为光滑的铺装，浅色、带空隙的铺装能带来较低的周边温度			
	栏杆	栏杆样式要求	简洁、轻盈造型				
			设置安全阻挡				
			标准断面栏杆				
			复合造型栏杆				
		栏杆交接方式要求	特殊交接方式				
			常规交接方式				
			交接处理细节	应对桥梁栏杆与主体结构的衔接处进行精细化设计，以提升美观度和减缓环境对桥梁外观的负面影响			
			与周边地块栏杆要求	一般要求	1）优先采用景观手段消化高差，避免设置栏杆 2）需要设置栏杆时，结合设计分工和建设时序，后施工者应与先施工部分协调		
				栏杆与周边地块栏杆距离相近但不直接衔接	1）可采用相同的栏杆样式 2）当采用不同的栏杆样式时，整体风格应协调 3）实栏板与其他样式还可通过形成虚实对比的方式进行协调		

续表

中轴涌车行桥						三多涌、义沙涌、长沙涌车行桥				备注	关联项（与本设计知道技术文件其他设计要求相关联）
	次重点桥梁		一般性桥梁			三多涌		义沙涌、长沙涌			
						重点桥梁	一般性桥梁	重点桥梁	一般性桥梁		
05	09	24	07	08	01	03	06	12	10、11、13、15、16	22、27	17、18、19、20、21、23、25、26、28		
		09+24											
				✓							如采用混铺具有映射特色元素特征材料的方式时，建议该材料总量不大于整体铺装的10%	
				✓							相似颜色的铺装灰度不应超过3种，即浅色、灰色、深色，亦可通过不同面层来区分3个等级	
				✓								
				✓							铺装灰度过浅会使场地在日照较强时过于刺眼（例：大面积芝麻白），给使用人群带来极度的不舒适感	3.8 可持续发展-生态设计、种植设计
				✓							除铺装外，还需结合植被、阴影空间等，以达到更好的区域降温效果	
				✓								
			不建议	不建议	不建议			不建议		不建议		
				✓							如材料交接方式、收口设计、雨水排流等	
				✓							景观手法如花池、挡墙、台阶、坡道、缓坡等	
				✓							风格协调如设计风格、材质、色彩、模数相同/相似等	

					桥梁等级			
					桥梁编号	标志性桥梁		
					桥梁编组	02	14	04
						02+14	04+0	
3.3 桥梁外观要求	栏杆	栏杆交接方式要求	栏杆与周边地块栏杆要求	栏杆与周边地块栏杆直接相邻	1）栏杆样式相同/近似（栏杆材质、图案、色彩、模数等相似），可直接衔接，伸缩缝处断开并预留5~10cm安装空间，不得直接相连 2）栏杆样式差异较大，栏杆风格应协调 3）实栏板与其他类型栏杆交接时，可设置过渡段衔接或直接衔接 4）其他类型栏杆衔接时不得直接相连，应设立过渡段消化造型、尺度的差异性（如渐变、叠加等方式） 5）伸缩缝处，栏杆须断开			
		其他要求			1）栏杆的功能性与装饰性应一体化呈现，不应单独设立无使用功能的纯装饰性的构件 2）栏杆设计可与泛光照明或场地特色元素结合考虑，为桥梁整体效果添加更多的趣味性 3）特色元素的表达方式不应将特色元素直接具象地放置于装饰构件上，应经设计推敲演变后结合装饰构件，以现代手法呈现 4）栏杆材质的选择，应结合各自桥梁的环境特点，适当考虑后续运营维护的需求，如耐久性和耐脏污等问题 5）栏杆扶手的材质选择：金属长时间处于高温日照的情况下，容易造成烫伤等问题，极度影响使用者的通行或停留体验感受，建议选择导热性较低的材料，如木材、人造产品等 6）色彩选择，应结合桥梁整体色彩设计和群体形象定位进行考虑，应避免使用过于鲜艳的颜色 7）栏杆推荐设置无障碍扶手			
	桥梁表面处理	表面处理方式			1）表面处理方式通常包括涂装、焊缝和饰面等，综合考虑车行桥的使用和后期运营维护，建议采用涂装或（和）在混凝土表面增加图案肌理的方式，不应采用通过湿贴/干挂的饰面装修的方式 2）涂装应选用自洁性好的涂装方式，且不应形成过于粗糙的表面肌理，避免积灰和留下水渍，不影响混凝土结构，防止构件受到腐蚀性介质（雨水）和氯化物（海洋空气）的破坏 3）对于采用钢结构的桥梁，不建议采用外包结构，防止结构锈蚀难以发现，建议直接外露，易于管养			
		桥梁色彩			推荐使用中性色作为桥梁主色调，如浅灰、暖白等，塑造素雅的桥梁群色彩，以便于桥梁与不断变化的城市环境协调 主体结构颜色统一，桥梁细部及其他附属设施，可以采用其他色彩，利用小面积的色块作对比，以补充和强化空间			
	桥梁外观控制				1）为使桥梁在使用过程中长期地保持良好的外观效果和健康运行，除运营管理和良好的施工工艺外，还需要通过材料的选择和合理的构造设计来保证 2）材料选择：应根据南沙气候特征，选择耐候性能好的材料，如使用须定期更换的材料，应通过合理的构造设计，使其便于维护或更换 3）表面外观控制：应通过合理的构造设计，减少污渍、霉菌、意外/故意损坏对桥梁外观的破坏（如设置滴水线等）			

续表

中轴涌车行桥						三多涌、义沙涌、长沙涌车行桥				备注	关联项（与本设计知道技术文件其他设计要求相关联）
						三多涌		义沙涌、长沙涌			
		次重点桥梁		一般性桥梁		重点桥梁	一般性桥梁	重点桥梁	一般性桥梁		
05	09	24	07	08	01	03	06	12	10、11、13、15、16	22、27	17、18、19、20、21、23、25、26、28		
	09+24												
				✓							风格协调如材质、模数、色彩的协调	
				✓								3.4 其他设计要素 3.6 灯光设计 3.7 特色元素表达
				✓								
				✓							不建议采用过于丰富的色彩装饰桥梁，使其与未来城市风格不符	
				✓								

				桥梁等级			
				桥梁编号		标志性桥梁	
				桥梁编组	02	14	04
					02+14	04+05	
3.4 其他设计要素	室外家具	驻留型室外家具	桥上空间			×	
			桥下空间			×	
		趣味性设施	与栏杆结合的标识标牌				
	无障碍设施	横沥岛尖的无障碍设计应整体系统性考虑，桥梁应进行无障碍设计					
		1）无障碍设施的设置应结合桥梁设计整体考虑，并延续周边市政道路和滨水景观带的无障碍设计形成系统 2）除上述无障碍设施外，无障碍设施还应包括无障碍标识系统、信息无障碍等内容 3）无障碍设施的设计要求，应符合《无障碍设计规范》规定和国家现行有关标准的规定					
	市政管线	1）原则上建议中低压电力、通信和DN300及以下的给水、中水、燃气（中低压）等管线随桥敷设，可考虑将管线放置于桥梁两侧人行道和非机动车道下方 2）管径大于DN300的管道和次高压以上的燃气管应该考虑下穿河道通过，且管道与河底的净距应征求当地水务部门意见或参考当地标准，在无参考资料时可考虑与河底保留2.5m净距 3）对于必须从桥上通过的给水、中水、燃气等管线在桥头位置将会面临差异沉降导致管道拉裂的风险，建议要求设计单位参考《广州南沙新区明珠湾区横沥岛尖软基处理标准化研究报告》进行地基处理并在桥头差异沉降位置的管线安装万向沉降器，在桥梁上的管线设置伸缩节					
	桥梁排水	1）桥梁排水方式应与桥梁造型、桥上绿化带排水统筹考虑 2）桥梁排水管外露会影响桥梁整体视觉景观，应结合整体造型，进行装饰或隐藏布置，排水管线不应直接外露 3）常规PVC排水管耐久性不佳，需要频繁检修与更换，建议采用耐久性较好的材料增强排水管的使用寿命，例如金属排水管 4）建议研究藏于桥梁内部的排水管做法，例如香港隐藏式排水管，依据各桥梁本身实际情况，结合整体造型，进行分析设计					
3.5 慢行空间	桥上慢行空间	慢行空间形态	形态可变				
			宽度不变化				
		与滨水空间的连接	靠近路口处设人行道至亲水平台的连接路径				
			桥梁设置慢行道与滨水空间连接			×	
			景观设置慢行道与滨水空间衔接			√	
			无障碍设施与滨水空间的有机连接和融合				

续表

中轴涌车行桥						三多涌、义沙涌、长沙涌车行桥							备注	关联项（与本设计知道技术文件其他设计要求相关联）
次重点桥梁				一般性桥梁		三多涌				义沙涌、长沙涌				
						重点桥梁		一般性桥梁		重点桥梁	一般性桥梁			
05	09	24	09+24	07	08	01	03	06	12	10、11、13、15、16	22、27	17、18、19、20、21、23、25、26、28		
×	×	×	×	×	×	×	×	×	×	×	×	×		3.5 慢行空间
×			×	×	×		×			×				
													包括无障碍扶手、缓坡坡道、盲道、无障碍楼梯、台阶、无障碍电梯、升降平台等，具体措施的选用应结合桥梁区位、交通流量分析等确定，并满足通行安全和使用便利的要求	
						✓								
						✓								
						✓								3.3 桥梁外观要求 - 桥梁外观控制
				×	×	×			×		×			3.2 桥梁整体造型 - 平面形态
				✓	✓	✓			✓		✓			
						✓								
×	×	×	×	×	×	×	×	×	×	×	×	×	02桥、04、05桥北侧可采用该方式	
✓	✓	✓	✓	✓	✓	✓	✓	✓	✓	✓	✓			
						✓								

				桥梁等级		
				桥梁编号	标志性桥梁	
				桥梁编组	02	14	04
					02+14	04+0
3.5 慢行空间	桥上慢行空间	与滨水空间的连接	立体交往空间（桥上+地面+地下空间）		–	–	–
	桥下慢行空间	桥下慢行空间类型	通过型空间		√	
			驻留型空间		×	
		桥下空间利用及建议	总体要求	1）桥下空间应满足人行、自行车、河道通航等净高需求 2）应综合桥梁整体造型和结构设计，寻求桥下空间环境基本形态的最优解 3）在此基础上可通过植物、硬质景观、灯光、艺术装置等空间环境的营造，进一步优化空间体验 4）建议为临时艺术装置、展品等的安装适当预留条件 5）细致考虑桥下人行空间细部与桥梁结构的交接关系 6）滨水空间园路连接应顺畅，园路宽度不应在桥下突然变窄		
			与桥墩之间的关系	1）桥下慢行空间与桥梁下部结构在空间上存在衔接关系 2）对于多于1跨的桥梁，应将桥墩视作桥下空间景观元素，对人行步道与桥墩之间的关系进行处理，使桥下各元素形成良好的衔接关系 3）为避免临河一侧栏杆与桥梁下部结构衔接关系不佳，临河一侧栏杆不应与桥墩直接衔接		
3.6 灯光设计						
3.7 特色元素表达	特色元素内涵		1）南沙将从水乡渔村逐步转变成为粤港澳大湾区的国际都市，横沥岛尖组团亦将建成为国际化智慧生态金融岛 2）横沥岛尖地区的特色元素可以包罗万象，包括本地文化、当地风俗、历史、居民生产生活演变、自然生态等方面，横跨过去和现代，涵盖横沥-南沙-广州-岭南等不同区域范围的地域特色			

续表

中轴涌车行桥						三多涌、义沙涌、长沙涌车行桥				备注	关联项（与本设计知道技术文件其他设计要求相关联）
		次重点桥梁		一般性桥梁		三多涌		义沙涌、长沙涌			
						重点桥梁	一般性桥梁	重点桥梁	一般性桥梁		
05	09	24							17、18、19、20、21、23、25、26、28		
	09+24	07	08	01	03	06	12	10、11、13、15、16	22、27		
—	—	—	—	—	—	—	—	—	—		3.2 桥梁整体造型－整体主题元素及形象
√				√	√						
×		×	×	×		×	10、13、16 × 11、15号桥不应设置驻留型空间	×	17、19、21 × 18、20、23、25号桥不应设置驻留型空间	05桥与07桥推荐与下沉广场结合考虑	3.2 桥梁整体造型－整体元素及形象 3.4 其他设计要素－室外家具
			√								
			√								
√详见南沙横沥岛尖景观桥梁关键系统的技术指导技术文件 3.6 灯光设计											
			√								

				桥梁等级		
				桥梁编号		标志性桥梁
				桥梁编组		02 | 14 | 04
						02+14 | 04+0
3.7 特色元素表达	主题和运用手法	整体造型				
		细节塑造	静态：细部和氛围塑造			
			动态：动态装置			
3.8 可持续发展	生态设计	区域生态资源				
		桥梁生态设计策略				
		局部微气候改善				
		生物多样性				
	种植设计	一般要求				
		桥上空间绿化				
		桥下空间绿化				
		桥下生态措施				
		桥墩生态工法				
	其他可持续考虑	桥梁健康监测				
		耐候性材料				
		高自洁性能材料				
		合理的构造做法和选材				
		可循环利用的结构形式、构件、材料				

续表

中轴涌车行桥						三多涌、义沙涌、长沙涌车行桥				备注	关联项（与本设计知道技术文件其他设计要求相关联）
		次重点桥梁		一般性桥梁		三多涌		义沙涌、长沙涌			
						重点桥梁	一般性桥梁	重点桥梁	一般性桥梁		
05	09	24					10、11、13、15、16	22、27	17、18、19、20、21、23、25、26、28		
		09+24	07	08	01	03	06	12			
				✓							3.2 桥梁整体造型
											3.6 灯光设计
								×		×	
✓ 详见南沙横沥岛尖景观桥梁关键系统的技术指导技术文件 3.8 可持续发展 一、生态设计											3.5 桥梁外观要求－铺装 3.6 灯光设计－灯具 3.8 可持续发展－种植设计
✓ 详见南沙横沥岛尖景观桥梁关键系统的技术指导技术文件 3.8 可持续发展 二、种植设计											3.2 桥梁整体造型－横断面形态 3.6 灯光设计－慢行空间灯光 3.8 可持续发展－生态设计
										具体材料选择，应结合工程造价、预算、运营维护费用等综合评判	
										具体材料选择，应结合工程造价、预算、运营维护费用等综合评判	
				✓							
										具体材料选择，应结合总体经济性综合评判	

			桥梁等级		
			桥梁编号		标志性桥梁
			桥梁编组		02 | 14 | 04
					02+14 | 04+0
3.8 可持续发展	其他可持续考虑		便于施工和节材的结构形式		
			具有实验性、互动性的桥梁结构形式		
		慢行趣味性空间结合的互动性新材料、新技术运用	桥上		
			桥下		☆☆ | ☆ | ☆☆

续表

中轴涌车行桥								三多涌、义沙涌、长沙涌车行桥				备注	关联项（与本设计知道技术文件其他设计要求相关联）
次重点桥梁			一般性桥梁					三多涌		义沙涌、长沙涌			
								重点桥梁	一般性桥梁	重点桥梁	一般性桥梁		
05	09	24	07	08	01	03	06	12	10、11、13、15、16	22、27	17、18、19、20、21、23、25、26、28		
	09+24												
												造型复杂的桥梁建议考虑采用，以提升桥梁的工程质量和施工便利	
×												可设置该类人行桥的区域位于中轴涌06号车行桥至09号车行桥之间的河道上。3D打印桥、可开合桥梁等形式，每一种方式不多于1座人行桥，且总数不多于2座	
×												黄金两公里区域内人行桥建议考虑设置	
☆☆	☆	☆☆	☆☆	☆☆	☆	☆	☆	☆☆	☆	☆☆	☆	应与周边氛围、人群使用匹配，避免对周边市民造成负面干扰，如噪声污染、光污染等	

6.2 广州南沙横沥岛尖桥梁工程技术咨询工作联系表

项目名称： 广州南沙新区明珠湾区起步区二期（横沥岛尖）桥梁工程技术咨询
编制日期： 2020年6月28日
版本： V1.0

项目角色	单位名称	联络人	职位	电话	手机	电邮	备注
工程咨询	××××××						
	地址	项目邮箱					
	电话						
	传真						
	网址						
设计单位	××××××						
	地址	项目邮箱					
	电话						
	传真						
	网址						
设计单位	××××××						
	地址	项目邮箱					
	电话						
	传真						
	网址						
设计单位	××××××						
	地址	项目邮箱					
	电话						
	传真						
	网址						

续表

项目角色	单位名称	联络人	职位	电话	手机	电邮	备注
设计单位	××××××						
	地址	项目邮箱					
	电话						
	传真						
	网址						
设计单位	××××××						
	地址	项目邮箱					
	电话						
	传真						
	网址						

备注：1. 此联系表由咨询单位负责更新、发布。
2. 此联系表中各单位项目组成员名单经业主确认后录入，如出现调整应获得业主同意，各项信息如有变更应及时通知咨询单位更新。
3. 带有·标记的为该单位在项目实施过程中的项目协调及日常联络负责人。

6.3 广州南沙横沥岛尖桥梁设计文件基本信息表

管理信息	项目名称							
	设计单位							
	设计阶段							
	文件用途	□沟通		□审核		□汇报		□归档
		□其他						
	发送日期							
	发送单位							
	抄送单位							
设计信息	文件名称							
	文件版本							
	编制日期							
	文件格式							
	页数／其他							
	内容概要							
	备注	1. 设计文件版本更新时，内容概要部分仅说明更新内容即可。 2. 多个设计文件同时发送时，如属于不同分类应分别填写此表。						

6.4 广州南沙横沥岛尖桥梁方案阶段成果质量要求（建筑景观造型）

序号	原则	方案设计阶段主要审核内容
1	总体设计要求	A. 符合设计任务书对于方案设计阶段的要求； B. 满足成果提交要求中的方案设计内容和深度要求； C. 满足方案个数要求：应提供不少于 2 个方案； D. 满足设计范围、景观协调范围的相关要求：除完成红线范围内的设计外，应考虑桥下空间和桥头两侧与滨水景观的衔接； E. 应明确设计界面和工程界面划分； F. 满足上位规划的相关要求，并与城市风貌、环境协调：如项目定位，与周边城市风貌的吻合、城市气质的协调等； G. 符合桥梁策划、设计指引的相关要求：如设计价值观、设计原则、设计关键要素、桥梁重要性分级、主题定位、外观控制、文化元素等要求 H. 设计简洁，体现桥梁结构美； I. 与景观统筹、相关专项（如品质化、道路绿化整体方案等）等成果协调； J. 充分梳理设计条件，并分析考虑接口衔接：如周边景观空间、市政设施以及其他相关项目的衔接； K. 满足国家及地区相关规范
2	安全性	A. 满足车行系统安全：如夜间不产生眩光、照明充足、安全行车视距、安全设施等； B. 确保桥上桥下慢行空间的安全：如慢行空间不同使用者（非机动车、步行）以及道路弱势群体（儿童、老人、残障人士）的安全需求，桥上、桥下慢行空间的安全； C. 满足桥梁净空要求：如河道通航、人行步道等净高需要
	生态性	A. 适地适树：须根据环境特性选择合适的植物类型和品种； B. 考虑对鸟类、水生生物的影响：如光源、栏杆材质选择； C. 结合桥梁设计合理引入生态措施：如桥墩和堤岸节点的生态型驳岸设计、垂直挡墙和桥墩外设置微型生物栖息空间等
	功能性	A. 满足顺畅、安全、设施配置等基本通行功能； B. 需要考虑桥梁使用功能的弹性：如部分桥下空间的留白、临时展览空间的预留（如桥梁设计提前预埋临时悬挂轻质装置的挂钩等装置）等； C. 需要考虑桥梁与周边公共空间的衔接方式：包括桥梁慢行空间与滨水空间的联系等； D. 栏杆功能与装饰应一体化呈现，不应单独设立无使用功能的纯装饰性构件； E. 通过合理的构造设计和细节设计，使桥梁长期保持良好的外观效果和健康运行：如设置滴水线、细部造型考虑雨水排流路径、选用耐候性好的材料、通过合理的构造设计使需要定期更换的材料便于维护或更换等
	舒适性	A. 结合人的使用考虑桥梁绿化、铺装等设施改善微气候的功能，提高舒适性：如净化空气、减弱噪声、降尘等方面的作用； B. 利用桥梁造型和中分带设计改善桥下自然采光条件，并保证人行安全； C. 桥梁排水设计应结合南沙气候特征：减少桥面漫流，提高慢行（人行和非机动车）舒适性

续表

序号	原则	方案设计阶段主要审核内容
2	美观性	A. 满足上位规划以及策划成果对于整体桥梁群的形象定位：做到简洁、轻盈、现代感，吻合横沥岛尖整体城市形象； B. 设计应融合本地历史或者城市发展脉络中的特色元素：进行设计表达，利于城市形象打造，凸显城市特色； C. 造型与结构协调，尽量减少桥梁外包装饰：维持桥梁简洁、轻盈形象，展现结构美； D. 注重衔接处设计，确保设计的精致度：特别是栏杆、主梁、铺装的衔接关系、桥头与城市的衔接关系、桥梁铺装、伸缩缝、城市道路铺装之间的过渡衔接关系； E. 应结合南沙气候特征进行设计，保证种植池良好的排水：避免雨季种植池内的雨水溢出污染路面
2	经济性	A. 合理分析论证的桥梁选址（如人行桥的起止位置、高程、线位、连接方式等）和桥型设计：高效利用城市空间和现状资源，并确保人使用的便利性和舒适性； B. 方案设计除考虑前期建设成本外，需同时考虑整个生命周期的成本和收益：如后期轻养护的要求； C. 实现优良的经济效益：需要注重节能、节材，综合工程造价、预算、运营维护费用选择具体措施，在合适的区域运用新技术、新材料、新设备； D. 材料选择须权衡造型、舒适性、后期运营维护等需求
2	可实施性	A. 设计需满足所在区域的发展方向、城市风貌以及使用者的实际需求； B. 方案需考虑落地性：桥梁造型方案应基于设计条件和可实现的桥梁结构设计，应同步提供结构方案（平、立、剖）和可实施性分析； C. 细部设计应考虑可实施性：如竖向杆件和外侧金属挡板之间的衔接关系； D. 应在材料、构造的选择上考虑桥梁运营维护和便利性、桥梁震动、河道水位等问题

6.5 广州南沙横沥岛尖桥梁方案阶段成果提交要求

序号	分类		成果提交阶段要求
1	成果提交要求		满足成果质量和成果提交要求
			供比选的方案数量：每座桥梁不少于 2 个方案
			供比选的材质数量：不少于 3 种（如扶手材质不少于 3 种比选）
		方案汇报前的成果提交	奥雅纳分主题和造型大方向意见、细节设计意见或提醒意见 2 个层级，分阶段提供咨询意见。 1）同步提交方案设计文本（含正负面清单）、对应的 rhino/su 格式的模型（含场地地形）、咨询意见回复、填写《广州南沙横沥岛尖桥梁设计文件基本信息表》《广州南沙横沥岛尖桥梁方案阶段成果检验表》 2）提供的设计文本应经过桥梁其他工程专业的复核和确认（结构、给水排水等），确保所提方案具有可实施性 3）文本内容和设计深度应满足"2 方案设计内容和深度要求" 4）方案汇报会前应提交方案汇报文件，汇报文本应根据汇报逻辑和节奏，形成完整的逻辑链，其他内容可以附录的形式以备会上查看 5）如附件总大小超过 10M，请以链接的形式（如超大附件）发送 6）首次提交设计成果时，效果图可用素模表达 7）首次提交设计成果时，桥梁慢行空间的功能考虑（桥上、桥头、桥下空间等），可仅提供功能意向图，但修改后的设计文本须将相关功能考虑落实至效果图中，并补充桥下空间、桥头与滨水空间连接区域的效果图展示 8）首次提交设计成果时，不影响桥梁整体造型和景观大方向的部分桥梁设计细部设计及材料构造、灯光设计、生态措施、绿化种植内容可结合文字标注和意向图进行设计意向的表达，但应在修改后的设计文本中补充完整
		方案汇报后的优化成果提交	1）中轴涌桥梁、三个支涌上部分曲线变化较多的桥梁，在方案深化阶段开始，要求采用 BIM 正向设计，交付成果中需要包括 BIM 模型 2）同步提交优化后的方案设计文本（含正负面清单）、对应的 rhino/su 格式的模型（含场地地形）、咨询意见回复、填写《广州南沙横沥岛尖桥梁设计文件基本信息表》《广州南沙横沥岛尖桥梁方案阶段成果检验表》 3）提供的设计文本应经过桥梁其他工程专业的复核和确认（结构、给水排水等），确保所提方案具有可实施性 4）文本内容和设计深度，应满足"3 方案汇报后的方案深化设计内容和深度要求" 5）沟通过程中的效果图可根据表达需要采用素模或进行渲染 6）方案汇报后的优化成果过程沟通，如根据项目进度确有需要，与业主沟通后，可以桥梁为单位进行拆分，提交优化成果

续表

序号	分类		成果提交阶段要求
2	方案设计内容和深度要求		至少应包含以下内容
		项目概况	1) 项目背景、区位分析 2) 项目规模、设计范围、设计协调范围和设计界面的说明
		设计条件分析	1) 场地现状分析 2) 桥梁设计工程边界条件、限制条件的梳理分析并形成结论：如道路、航道、河道、滨水景观、市政管线、管廊、地下车行环路、隧道、地下人行空间、轨道交通等的规划情况、技术指标、对桥梁设计的影响等 3) 上位规划、相关策划、专题成果内容的分析、归纳和总结 4) 相关项目分析：位于同一河涌的已设计的桥梁项目的分析
		案例分析和设计经验总结分析	1) 灵山岛、周边已建桥梁优缺点分析 2) 根据项目特点选取的相似案例分析 3) 针对性提出本项目桥梁设计应该延续和改进的关键点
			根据设计条件分析和设计经验总结分析，推导得出的桥梁群体、个体的概念、目标、设计思路和策略等
			结合"南沙横沥岛尖桥梁景观关键系统的设计指导技术文件"要求，针对自身桥梁特征罗列的正负面清单（格式见"附表-06 广州南沙横沥岛尖桥梁正负面清单格式 20200622 发布版"）
			方案设计对咨询意见的响应和落实情况
		方案设计分析	1) 流线分析（含桥上、桥梁至滨水空间、桥下空间区域） 2) 无障碍考虑 3) 桥梁慢行空间的功能和连接方式考虑（桥上、桥头与滨水空间、桥下空间等） 4) 其他可辅助表达方案设计和方案特色的必要分析

续表

序号	分类		成果提交阶段要求
2	方案设计内容和深度要求	方案的多角度展示	1）通过平面、立面、剖面、效果图、意象图等对方案进行综合展示，每座桥的比选方案不少于2个 2）须包括必要的文字和尺寸标注等说明，如主要设计技术指标、栏杆高度、材质标注、桥梁跨径、主梁高度、桥下净空、桥梁结构形式、标高、指北针等 3）桥梁方案和桥梁结构相关的标注内容，须经桥梁专业初步分析验算，具有可实施性 4）效果图应包含鸟瞰、桥上人行视角、桥下空间人视角度、滨水空间人视角度效果图，并能同时展示桥头至滨水空间区域、桥下空间的设计 5）方案的展示应针对方案中需要重点表述的内容和桥梁特色进行补充（如桥下空间、桥梁与滨水景观、驳岸的关系、桥梁设计细部设计及材料构造、中分带设计、灯光设计、生态措施、绿化种植等） 6）植物设计：应说明桥上绿化种植的位置、覆土厚度、种植池排水方式、植物品种、植物平面布局关系及意向图。设计协调范围内结合桥梁景观造型，提出种植设计建议和意向图 7）生态措施及可持续考虑：可结合其他内容（如植物设计、灯光设计、材质比选、方案平面、立面图等）说明采用的措施类型、应用位置 8）灯光设计：应结合效果图、意向图等，说明桥梁方案的照明设计（车行灯光、慢行灯光、桥体灯光）不同灯光模式下的效果和不同类型和部位的照明方式设计意向 9）铺装设计：应说明城市道路的铺装情况、设计范围内铺装设计原则、与城市道路的衔接、色彩、铺装样式的设计意向 10）特色元素表达：可结合其他内容（如灯光设计、栏杆设计、铺装设计、材质比选、效果图等）说明采用的特色元素、表达方式和应用位置 11）栏杆设计：结合效果图和意向图说明设计原则、材质、栏杆样式 12）无障碍设施：可结合其他内容（如铺装设计、栏杆设计等）说明采用的设施类型和运用位置 13）效果图须与桥梁工程设计方案（结构、给排水等）匹配
		材质比选	供比选的材质数量不少于3种（如对栏杆、桥梁涂装、铺装进行比选，应结合桥梁方案进行）
		桥梁结构工程方案（平、立、剖）和可实施性分析	
		过桥管线和桥梁排水方案、种植池排水的图示和说明	
		接口项目衔接	1）设计协调范围内的景观设计的协调要求:结合桥梁方案整体景观空间，提出景观衔接建议或（和）需要滨水景观带遵循的景观衔接要求（如衔接处特定的栏杆、家具造型需求、特定的空间形态需求）。需要重点说明桥下空间和桥梁与城市、滨水景观的衔接区域 2）对影响桥梁结构设计、整体造型和项目实施的接口项目的衔接进行分析说明和对接：如预留、保护措施、合建、远近期考虑等
		投资估算	1）各设计方案的投资估算（应说明造价包括的内容） 2）周边已建桥梁工程造价对比

续表

序号	分类		成果提交阶段要求
2	方案设计内容和深度要求	桥梁群体形象的展示	1）应包括位于同一河涌上的，相邻桥梁的群体展示 2）应包括方案设计特色、关键技术数据等的说明
		其他能反映设计意图和内容的图纸，由设计单位自行确定	
3	方案汇报后，方案深化设计内容和深度要求	完善细节设计，形成完整文本，为施工图设计提供明确的指引和图示	
		根据方案汇报会议讨论和会议纪要及以下要求，对方案设计进行深化和修改	
		方案设计文本应在满足"2 方案设计内容和深度要求"的基础上补充完善和更新	
		对各方意见的响应	
		细部设计和设计细节优化（根据方案调整具体内容）	1）衔接处的设计：特别是栏杆、铺装、主梁之间的衔接方式和细节设计、中分带采光井两端 2）细部设计的优化：如考虑立面造型和栏板细部，考虑雨水排流、栏杆扶手、金属板图案设计、竖向杆件和外侧金属挡板之间的衔接关系、金属挡板的分缝、安装方式考虑等 3）桥身涂装和桥下空间材质标注 4）应以平面、立面、剖面、局部透视图、相应的文字、尺寸标注、落地参考图（如类似构造、细节样式）综合说明上述设计优化，并更新整体的桥梁效果图，以便施工图最大程度按原方案设计意图进行深化设计
		植物设计	1）使用彩色平、立、透视图说明植物成长后目标效果和种植要求 2）明确植物品种、高度 3）明确桥上种植池构造并能满足植栽效果要求
		铺装设计	至少1:100的典型部位与交界面铺装设计图，要求彩色平面，说明材质、尺寸、表面处理方式
		相应更新的完整的桥梁结构工程方案	
		相应更新的过桥管线和桥梁排水方案、种植池排水的图示和说明	
		效果图	须与优化调整后的方案设计和桥梁工程设计方案（结构、给排水等）匹配
		其他能反映设计意图和内容的图纸，由设计单位自行确定	

续表

序号	分类		成果提交阶段要求
4	当初设施工图阶段，出现影响方案原造型意图的地方时	影响方案原造型意图的地方，须补充提供的综合性分析材料	需要调整方案的原因
			方案调整建议（至少两个方式建议）
			方案比选
			应包括修改区域的局部、桥梁整体造型的展示、人视角度展示
			相关的工程专业图纸
			其他能反映该设计调整意图和内容的图纸，由设计单位自行确定

6.6 广州南沙横沥岛尖桥梁方案阶段（建筑景观部分）成果检验表

表格编号：			填写时间：		年 月 日	
项目名称						
设计单位						
审批、审查意见及执行情况		单位	是否采纳该单位主要意见？（请在相应选项中打√，并以附件形式说明详细的执行情况）			备注
		顾问咨询单位	是□	否□	部分采纳□	
		相关工程设计单位	是□	否□	部分采纳□	
		交委、交警、地铁、水务、电力、电信、燃气等相关政府（行业）主管部门	是□	否□	部分采纳□	
		方案汇报会评审意见	是□	否□	部分采纳□	
成果完整性		主要核查内容	核查意见			
		成果内容和深度完整性				
		成果文件提交数量及合同要求情况				
		设计文件经建筑景观和桥梁专业共同确认				
		文本逻辑性和设计推导				
重点核查内容	方案设计	总体设计	规划资料、设计条件、限制条件等的完整性、时效性	有□	无□	不适用□
			针对自身桥梁特征罗列的正负面清单	有□	无□	不适用□
			建筑专业与工程专业的配合（桥梁结构、给排水等）设计的一致性	有□	无□	不适用□
			桥梁结构工程方案（平立剖）	有□	无□	不适用□
			过桥管线和桥梁排水方案、种植池排水的图示和说明	有□	无□	不适用□
			项目总体概况说明	有□	无□	不适用□
			项目规模、设计范围、设计协调范围和设计界面的说明	有□	无□	不适用□
			方案个数要求（方案汇报不少于2个方案进行比选）	满足□	不满足□	不适用□
			满足上位规划的相关要求，并与城市风貌、环境协调：如项目定位，与周边城市风貌的吻合、城市气质的协调等	满足□	不满足□	不适用□

续表

重点核查内容	方案设计	总体设计	符合桥梁策划、设计指引的相关要求（如设计价值观、设计原则、设计关键要素、桥梁重要性分级、主题定位、外观控制、文化元素等要求）	满足□	不满足□	不适用□
			与景观统筹、相关专项（如品质化、道路绿化整体方案等）等成果协调	满足□	不满足□	不适用□
			满足所在区域的发展方向、城市风貌以及使用者的实际需求	满足□	不满足□	不适用□
		接口/红线	接口项目梳理的全面性	有□	无□	不适用□
			相关项目纵横衔接设计	有□	无□	不适用□
			相关项目景观衔接设计（如铺装、绿化、栏杆、灯具、景观空间）	有□	无□	不适用□
			相关市政设施（地铁、地下道路、地下人行空间、管廊、隧道、河道等）和其他项目的衔接和协调	有□	无□	不适用□
			设计协调范围的景观协调（提出特定需求和衔接协调建议）	有□	无□	不适用□
		总图	技术指标及说明（包括选材和施工等）	有□	无□	不适用□
			竖向设计	有□	无□	不适用□
			流线设计（包括人流、车流组织、无障碍考虑等，须基于不同类型使用者需求）	有□	无□	不适用□
			合理的桥梁选址（如人行桥的起止位置、高程、线位、连接方式等）和桥型设计：高效利用城市空间和现状资源，并确保人使用的便利性和舒适性	满足□	不满足□	不适用□
		整体造型	桥梁个体形象与桥梁群形象、景观重要性定位匹配	满足□	不满足□	不适用□
			桥梁造型概念和主题	满足□	不满足□	不适用□
			设计简洁，体现桥梁结构美	满足□	不满足□	不适用□
			桥梁造型方案基于设计条件和可实现的桥梁结构设计	满足□	不满足□	不适用□
			增加桥下日照范围，改善桥下日照条件（桥梁断面形态、装饰构件影响、采光井设计）	满足□	不满足□	不适用□

续表

重点核查内容	方案设计	整体造型	桥下人行视线通透	满足□	不满足□	不适用□	
			桥梁净空（如河道通航、人行步道等）	满足□	不满足□	不适用□	
			中分带设计（桥下采光、人体舒适性和桥上绿化的综合平衡、桥上中分带端头的设计）	满足□	不满足□	不适用□	
			设有采光井的桥下慢行空间的安全性	满足□	不满足□	不适用□	
		桥梁外观	铺装设计风格	满足□	不满足□	不适用□	
			无障碍设计（栏杆、扶手、铺装）	满足□	不满足□	不适用□	
			栏杆下方设置安全阻挡设施	满足□	不满足□	不适用□	
			栏杆功能与装饰一体化呈现（不应单独设立无使用功能的纯装饰性构件）	满足□	不满足□	不适用□	
			造型与结构协调，尽量减少桥梁外包装饰	满足□	不满足□	不适用□	
			通过合理的构造设计和细节设计，使桥梁长期保持良好的外观效果和健康运行	满足□	不满足□	不适用□	
			衔接处的精细化设计（特别是栏杆、主梁、铺装的衔接关系、桥头区域与城市的衔接关系、桥梁铺装、伸缩缝、城市道路铺装之间的过渡衔接关系）	满足□	不满足□	不适用□	
			细部设计的可实施性	满足□	不满足□	不适用□	
			材料选择权衡造型、舒适性、后期运营维护、经济性等需求	满足□	不满足□	不适用□	
			材料、构造的选择考虑桥梁运营维护需求和便利性、桥梁震动、河道水位等问题	满足□	不满足□	不适用□	
			运营过程轻养护	满足□	不满足□	不适用□	
		慢行空间	桥下慢行空间类型考虑空间环境品质和空间尺度舒适性	满足□	不满足□	不适用□	
			桥下慢行空间功能与景观统筹协调	满足□	不满足□	不适用□	
			设施与空间类型、功能匹配	满足□	不满足□	不适用□	
			立体交往空间考虑	满足□	不满足□	不适用□	
		桥梁排水	桥梁排水方式与桥梁造型、桥上绿化带排水统筹	满足□	不满足□	不适用□	

续表

重点核查内容	方案设计	桥梁排水	桥梁排水管隐藏或装饰（装饰方式不能影响检修便利性）布置，不应直接外露	满足□	不满足□	不适用□	
			减少桥面漫流，提高慢行（人行和非机动车）舒适性	满足□	不满足□	不适用□	
		生态和可持续	微气候改善考虑	有□	无□	不适用□	
			考虑对鸟类、水生生物的影响（如光源、栏杆材质选择）	满足□	不满足□	不适用□	
			生态措施（如桥墩和堤岸节点的生态型驳岸设计、垂直挡墙和桥墩外设置微型生物栖息空间等）	有□	无□	不适用□	
			全生命周期内的安全耐久、资源节约、生态宜居考虑：注重节能、节材，合理运用新技术、新材料、新设备	满足□	不满足□	不适用□	
			新材料、新技术应用	有□	无□	不适用□	
		绿化	适地适树	满足□	不满足□	不适用□	
			初、近、远期实施效果要求	满足□	不满足□	不适用□	
			植物品种、色彩、层次搭配、高度要求等	满足□	不满足□	不适用□	
			种植池构造（覆土厚度、种植池排水等）	满足□	不满足□	不适用□	
			灌溉系统设计	有□	无□	不适用□	
			不影响行车安全	满足□	不满足□	不适用□	
		灯光设计	安全的灯光：保障道路使用者安全、桥下空间安全照明和日光引入，舒适可辨别人脸的环境亮度	满足□	不满足□	不适用□	
		灯光设计	车行桥桥上慢行空间灯光设计［不应在桥上慢行空间的扶手高处整合灯具，允许扶手相结合隐藏的低位灯光（确保人脸照度）］	满足□	不满足□	不适用□	
			避免对生态环境、人居影响（如灯具安装、光源选择等）	满足□	不满足□	不适用□	

设计单位：

项目负责人	意见：	签名：	日期：
建筑景观负责人	意见：	签名：	日期：
桥梁专业	意见：	签名：	日期：

6.7　广州南沙横沥岛尖桥梁正负面清单格式

桥梁设计正负面清单	2020-6-21
	V1.0

设计单位
桥梁编号
填写时间

必要的插图

类别		特性	内容	提示性内容	备注	奥雅纳审核
桥梁整体造型	景观重要性等级			根据桥梁策划结论，概述相应的设计内容		
	桥梁工程界面和设计界面			概述相应的设计内容		
	整体主题元素			如××主题，符合海洋文明、海上商贸相关元素要求		
	整体形象			如造型简洁有力，线条流畅，强调上部结构整体横向舒展，避免过多繁复的装饰性构件		
	道路等级及车速			说明道路等级及车速		
	桥型及跨径组合	结构设计		说明桥型和跨径组合		
		经济性		概述相应的设计内容		
		可实施性		概述相应的设计内容		
	横断面布置	设计		如采用等宽断面，分××幅，桥梁宽度××m，××m人行道+××m非机动车道+××m绿化带+××m机动车道+××m中分带+×××××		
	上部结构	设计		说明主梁类型、梁高		
		美观性		如断面形态呼应×××主题。利用阴影强化轻盈、横向舒展特征		
		安全性		如不采用外包装饰，避免材料松脱，便于观察桥梁结构潜在问题		
		舒适性		如外侧结构高度缩小，增加桥下日照范围		

续表

类别			特性	内容	提示性内容	备注	奥雅纳审核
桥梁整体造型	下部结构	桥墩	设计		说明数量、桥墩形式、与上部结构的连接关系（刚接或采用支座）、与驳岸的关系		
			美观性		说明数量、桥墩形式、与上部结构的连接关系（刚接或采用支座）、与驳岸的关系		
			舒适性		避免桥墩过大过密，桥下视线通透		
			安全性		如不采用外包装饰，避免材料松脱，便于观察桥梁结构潜在问题		
			可实施性		主要说明与驳岸、河道相关的可实施性（如建设时序的考虑、防洪排涝要求等）		
		桥台	设计		说明桥台的形式		
			美观性		说明与周边环境的衔接方式、景观协调考虑		
			安全性		如不采用外包装饰，避免材料松脱，便于观察桥梁结构潜在问题		
	中分带设计		美观性		说明中分带设计的美学考虑和延续道路景观考虑		
			安全性		1. 亲水栈道上方×××，确保桥下人行安全 2. 防撞栏采用×××		
			舒适性		中分带中段局部设置为采光井，改善桥下采光		
慢行空间	桥上慢行空间		功能性		说明慢行空间整体空间形态和功能，如： 1. 慢行空间宽度不变 2. 取消人行道、非机动车道之间绿化带，××××（达到的目的） 3. 由滨水景观带在靠近路口处设置慢行路径连接桥梁和滨水空间		
慢行空间	桥下空间		设计		桥下空间类型（驻留型还是通过型）、净高		
			功能性		说明结合景观统筹，建议的功能考虑		

续表

类别	特性	内容	提示性内容	备注	奥雅纳审核
桥梁外观要求	铺装	美观性	1. 设计风格（根据设计情况进行填写）延续道路人行道铺装/主体延续道路铺装的基础上，增加×××/采用×××的铺装样式（特色铺装），通过××（方式和位置）与市政道路铺装进行过渡 2. 说明图案和色彩 3. 说明铺装与伸缩缝、道牙、栏杆的衔接考虑，确保铺装边界的精致感及铺装完整性		
		安全性	如 1. 无障碍设计考虑××× 2. 防滑考虑		
		舒适性	采用×××材质		
		经济性	如材质选择如何考虑前期投入成本、后期运营过程投入		
	栏杆	美观性	如， 1. 栏杆样式特征和高度 2. 采用××（材料） 3. 栏杆与桥梁主梁的连接方式		
		舒适性	如扶手为××（材料），侧重考虑后期运营低维护，对高温和长时间日照下的舒适度有所退让/使用舒适性		
		安全性	说明无障碍设计和其他安全性考虑，如无障碍扶手、栏杆下方的安全阻挡设施		
桥梁外观要求	栏杆	功能性	如功能性和装饰性一体化呈现，不设置独立无使用功能的纯装饰构件 结合××（如照明、无障碍扶手、趣味性标识），栏杆装饰构件与功能一体化呈现		
		经济性	如材质选择如何考虑前期投入成本、后期运营过程投入		
		可实施性	如栏杆细部设计（如竖向挡板和外侧金属挡板）的可实施性考虑		

续表

类别		特性	内容	提示性内容	备注	奥雅纳审核
桥梁外观要求	桥梁表面处理	设计		说明桥梁色彩（主色调和局部色彩变化）、表面涂装、表面肌理等		
		经济性		如考虑后期运营维护便利性，桥梁主体不采用外包装饰		
		功能性		如涂装体系选择的可靠性、耐久性考虑		
	桥梁外观控制	功能性		如×××（部位）设置滴水线/×××（部位）考虑雨水排流 根据南沙气候特征，选择×××材料 通过××（方式）使××（需要定期维护、更换的部位）便于维护/更换		
		经济性		如细部设计、材质和涂装体系选择如何考虑前期投入成本、后期运营过程投入		
其他设计要素	无障碍设施	设计		如说明桥梁的无障碍设施考虑 说明桥头与滨水空间连接区域的无障碍设计建议		
	市政管线	设计		说明市政管线的分布		
	桥梁排水	功能性		说明排水方式		
		美观性		与桥梁造型结合的考虑		
灯光设计		生态性		说明灯光设计（如光源类型、照明方向）在减少对人和生物（水生生物、鸟类等）负面影响的考虑		
		功能性		如说明车行灯光的设置情况（如与所在道路照明标准、选用灯具保持一致等）		

续表

类别	特性	内容	提示性内容	备注	奥雅纳审核
灯光设计	美观性		如：1. 说明慢行灯光、桥体灯光的设计（如色彩、灯光模式、表达重点、灯具安装等）； 2. 特色灯光的考虑（如结合文化特点、桥梁形体、细部特色的灯光设计考虑等）		
	安全性		如 1. 说明车行桥桥上慢行灯光设置的安全性考虑（如×××处结合×××（设施）设置，不设置栏杆高位照明，避免眩光影响行车安全）； 2. 说明桥体灯光、桥下空间照明的安全性考虑（如安装位置、灯具选择、日间桥下照明方式等）		
特色元素表达	美观性		从整体造型和细节塑造两个层面说明特色元素的运用部位、运用方式和效果		
	功能性		说明不同特色元素运用的作用。如增加趣味性、起科普教育作用、增加互动性等		
可持续发展（生态设计、种植设计、其他可持续考虑）	生态性		如说明桥上环境特性和植物类型、品种、植物高度 说明桥梁使用的生态措施和运用部位 说明设计中对鸟类、水生生物的设计考虑		
	功能性		如说明桥上绿化种植的部位、种植方式、覆土厚度 说明种植池的灌溉方式、排水方式、措施及其作用（如底部设置砾石层、排水盲管，并连接至市政管道） 说明设计中选用的的其他可持续设计及其功能		
	舒适性		说明结合人的使用考虑的改善微气候措施及其作用（如采用了×××，提高桥上慢行舒适性/辅助滤尘，改善沿线环境质量）		

续表

类别	特性	内容	提示性内容	备注	奥雅纳审核
可持续发展 （生态设计、种植设计、其他可持续考虑）	经济性		如说明相关设计、材质选择如何考虑前期投入成本、后期运营过程投入		
接口衔接	美观性		说明接口衔接建议和需求 如说明桥梁与两侧滨水景观带和桥下空间的景观衔接需求［如桥梁与滨水空间连接路径中：栏杆与坡道一体化设计，避免过实，轻盈通透易维护，建议×××（如与桥梁相同／相似栏杆、材质相似） 桥头两侧种植设计需求：需要结合台阶设置种植池／与草坡顺接 桥下空间邻近桥台一侧景观设计需求：需要露出桥台前墙／允许堆坡 说明桥下空间家具造型的特殊需求（如设计风格协调，材质一致／相似或特定的造型、材质需求）］		
接口衔接	功能性		说明接口衔接要求和设计考虑 如与地下空间、轨道、管廊、河道、滨水景观等的衔接考虑		

注：设计单位填写。

6.8 广州南沙横沥岛尖桥梁方案阶段进度计划表格式

设计文件提交节点		计划提交日期	实际提交日期	奥雅纳正式回复日期	提交内容要求	奥雅纳提供咨询意见时间	备注
一、方案汇报前	1. 成果初次提交	1.1 首次提交	××月××日				分两个阶段发出咨询意见 1. 主题和造型大方向意见：3个完整工作日 2. 细节设计意见或提醒意见：发出第一阶段意见后3个完整工作日	1. 本阶段可能存在反复 2. 如根据咨询意见，存在须重新确认的方案，需要再提交成果 3. 针对咨询意见以及设计单位的书面回复，视具体情况进行线上沟通
		1.2 书面回复奥雅纳咨询意见	××月××日（收到奥雅纳咨询意见后3个工作日）			详见"03方案阶段成果提交要求"文件中的"1成果提交要求-方案汇报前的成果提交"和"2方案设计内容和深度要求"		
		1.3 结合奥雅纳第一次大方向意见修改完成提交	××月××日（收到奥雅纳咨询意见后××个工作日）					
	2. 初次提交成果深化	2.1 书面回复奥雅纳咨询意见	××月××日（收到奥雅纳咨询意见后3个工作日）				—	针对咨询意见以及设计单位的书面回复，视具体情况进行线上沟通
		2.2 结合奥雅纳第一次、第二次意见及自身的设计深化成果	××月××日（收到奥雅纳咨询意见后××个工作日）				5个完整工作日	1. 结合奥雅纳第一次大方向意见的修改成果，经总师确认后方可提交本项成果 2. 本阶段可能存在反复
	3. 提交汇报文件	3.1 基于初次提交成果深化文本，结合汇报者思路，形成汇报文件	××月××日（完成上述2.2项的工作时）				3个完整工作日	1. 结合奥雅纳第一次、第二次意见及自身的设计深化成果经总师确认后方可提交本项成果 2. 本阶段可能存在反复
		3.2 书面回复奥雅纳咨询意见	××月××日（收到奥雅纳咨询意见后3个工作日）				—	针对咨询意见以及设计单位的书面回复，视具体情况进行线上沟通
		3.3 结合奥雅纳咨询意见及自身的准备，提交修正文件	××月××日				—	—

续表

设计文件提交节点		计划提交日期	实际提交日期	奥雅纳正式回复日期	提交内容要求	奥雅纳提供咨询意见时间	备注
二、汇报会前的准备	提交经总师确认后的成果文本和汇报文本。准备汇报预演和线上线下会务	××月××日（假定日期为完成上述3.3项的工作时，具体时间由业主确定）				—	—
三、方案汇报后	汇报后的方案深化	1.1 根据会议意见，修改方案文件	××月××日（会议后××个工作日）			详见"03方案阶段成果提交要求"文件中的"1 成果提交要求-方案汇报后的优化成果提交"和"3 方案汇报后，方案深化设计内容和深度要求"	5个完整工作日	
		1.2 书面回复奥雅纳咨询意见	××月××日（收到奥雅纳咨询意见后3个工作日）				—	针对咨询意见以及设计单位的书面回复，视具体情况进行线上沟通
		1.3 结合奥雅纳意见修改后的方案文件	××月××日（收到奥雅纳咨询意见后××个工作日）				5个完整工作日	本阶段可能存在反复
		1.4 完整方案深化文件提交奥雅纳进行确认					3~5个完整工作日不等，视乎设计单位结合意见修改情况	

注：1. 完整方案深化文件经奥雅纳确认后，将移交至西南院咨询
2. 由设计单位填写
3. 设计单位有特殊情况的计划，可以在此逻辑下增补

6.9 广州南沙横沥岛尖桥梁总师方案阶段管理办法

一、原则

1. 南沙横沥岛尖桥梁设计相关工作，按"工作运行机制"要求进行管理，以确保沟通渠道高效、顺畅，项目运行规范、有序。

2. 设计单位应按"工作运行机制"的要求，按时、按质通过电子邮件提交设计成果、进行其他文件传递，并及时通知相关方。

二、要求细节

1. 设计单位成果提交不满足相应提交要求时，成果文件退回，咨询单位不进行审查，同时成果提交情况按未提交处理。

2. 文件名称应准确概括实际内容，应注明桥梁编号、设计单位、设计阶段、文件版次、编制日期等关键信息，不满足该要求，按不满足提交要求处理。

3. 邮件和《设计文件基本信息表》应说明更新内容、文件提交目的（清楚说明需要咨询单位进行审查或确认的事项），不满足该要求者，按不满足提交要求处理。

4. 方案阶段，设计单位应每周五16：00时前，向业主及奥雅纳提交最新的设计过程文件（具体设计文件，可按设计单位理解提供，原则是能真实反映设计进展情况，提交文件中仍需要填写《设计文件基本信息表》，同时需要每周更新的方案设计进度计划表），以备过程中查看设计进展情况（该文件不进行咨询）。

5. 咨询单位根据会议和其他工作需要，向各设计单位发出资料收集、意见反馈需求时，将在邮件中说明收件截止日期，并及时通过微信通知各方。

三、考核管理

设计单位成果以及各项任务提交情况（包括时效以及提交资料的符合性及完整性），将纳入业主的设计单位工作考核。

上述管理办法内容，将于 2020 年 6 月 22 日正式启用。

备注：管理办法将随着工作过程中的情况，不定期补充更新。

后记

　　本书展示的践行工作，由广州市南沙区明珠湾管理局领衔指导，奥雅纳工程顾问（Arup）承担桥梁景观设计总师一职，与明珠湾管理局共同牵头践行工作，与10余家参建方形成践行联盟，共同探索科学的设计及管理思维模式和方式。

　　参建方团队的学科背景复杂，由景观设计师、建筑师、城市规划师、生态学家及工程师组成跨学科团队，从不同思维及技术角度进行反复研究讨论及实践，多学科团队确定了可用的管理选项、期望的结果、可容忍的风险程度以及如何在一系列替代行动中进行最佳选择。

　　为了提高整体参建方团队的工作质量和效率，明珠湾管理局提出建立一个具有参与性的透明的工作机制。因此，践行联盟团队成员可以深入了解及参与践行制度全过程。

　　此外，该制度允许所有联盟确定潜在的要素冲突，进行商讨并达成共识，并在不断变化的背景下提供灵活性。通过这种适应性方法，践行团队能够在短短几个月内提供经总控指导并通过审查的数十个桥梁方案。

　　整个践行过程中，充满了挑战、冲突，团队均要跳出各自的舒适区，做出更多的大胆尝试。践行团队深信，这次行动将引发更深远的城市建设模式的转变，从而为城市未来带来不可估量的深远影响。

　　期待后来者有更多的探索，践行团队也将继续大胆前行。

梁睿中

图书在版编目（CIP）数据

集智筑虹：广州市南沙横沥岛尖桥梁景观设计总师制度的践行 = Bridging the Future: Application of Integrated Approach for Bridge Cluster Landscape Design in Hengli Island，Nansha / 占辉等主编 . —北京：中国建筑工业出版社，2021.12
（城市片区综合开发系列丛书）

ISBN 978-7-112-26723-1

Ⅰ.①集… Ⅱ.①占… Ⅲ.①桥梁设计—景观设计—组织管理—研究—南沙区 Ⅳ.① U442.5

中国版本图书馆CIP数据核字（2021）第215211号

责任编辑：张幼平　费海玲
责任校对：赵　菲

城市片区综合开发系列丛书
集智筑虹
——广州市南沙横沥岛尖桥梁景观设计总师制度的践行
Bridging the Future: Application of Integrated Approach for Bridge Cluster Landscape Design in Hengli Island，Nansha

占　辉　肖　宁　梁睿中　文惠珍　颜日锦　主编

*

中国建筑工业出版社出版、发行（北京海淀三里河路9号）
各地新华书店、建筑书店经销
北京方舟正佳图文设计有限公司制版
北京中科印刷有限公司印刷

*

开本：787毫米×1092毫米　1/16　印张：16¾　字数：263千字
2022年2月第一版　2022年2月第一次印刷
定价：**180.00**元
ISBN 978-7-112-26723-1
　（38544）

版权所有　翻印必究
如有印装质量问题，可寄本社图书出版中心退换
（邮政编码100037）